データ取引の
契約実務

書式と解説

福岡真之介　松村英寿　［著］

商事法務

はしがき

　ここ数年、ビジネスにおけるデータの重要性が認識されるようになりました。データを制する者がビジネスを制する時代になったため、SNSやネットショッピング等のインターネット上で取得されるデータだけでなく、スマートフォン・家電や工場の機械に取り付けたセンサー等から取得されるリアルデータの利活用についても、さまざまな業界の企業が乗り出しています。

　そして、データ分析が広まりつつある中で、これまでまったく関連付けされていなかったデータ同士を結び付けることで、より価値のある分析をしようという動きも活発になっています。そのため、個々の企業間のデータ取引だけでなく、コンソーシアムを組んでデータプラットフォームを構築する取組みも多くなってきており、また、データを主なターゲットとする資本提携・業務提携やM&Aも増えつつあります。

　他方で、データの取扱いそのものを対象とする包括的な法律はないため、ビジネスを始めるに当たって、法律的にどうなっているのかよくわからないといった悩みをよく聞きます。そのようなこともあり、データビジネスで試行錯誤されている企業の担当者の方に、データの収集・利活用のスキーム構築から契約内容までアドバイスさせていただく機会も増えてきました。

　筆者らは本年1月に『データの法律と契約』（商事法務）を執筆しましたが、同書は、データに関する法律について詳細に解説しており、企業の法務担当者あるいは法律専門家向けの解説書という色合いが濃いものでした。そこで、本書では、実務的な観点から契約・規約を解説することによって、データ取引に関する契約・規約と法律知識について、できる限りわかりやすく解説することを試みました。

　本書の巻末には、汎用性の高い形のデータ取引契約のモデル契約・データ共有プラットフォームのモデル利用規約を掲載するとともに、契約・規約を作成する際のチェックリストも収載しています。今後の実務にお役立ていただけましたら、データを利活用するビジネスが活性化し、有益な商

はしがき

品・サービスが登場して日本経済が活性化することを願っている者としては、何より幸いに存じます。

　本書は、経済産業省「AI・データの利用に関する契約ガイドライン検討会」が2018年6月に公表した「AI・データの利用に関する契約ガイドライン（データ編）」の成果を活用させていただいています。同検討会のデータ班のメンバーには深い感謝の意を示したいと思います。読者の方々には、本書と合わせて、ぜひ、「AI・データの利用に関する契約ガイドライン（データ編）」も読んでいただければ幸いです。同ガイドラインは、経済産業省のウェブサイトで公開され、別冊NBL165号として書籍化されています。

　本書は、筆者らが個人的に執筆したものですので、筆者らの所属する西村あさひ法律事務所の見解等を示すものではなく、その内容の責任はすべて筆者らにあります。

　最後に、本書の執筆・編集に多大な労をとっていただいた秘書の越前愛莉さんと㈱商事法務書籍出版部の吉野祥子氏に、この場を借りて厚く御礼申し上げます。

2019年8月

福岡真之介
松村　英寿

●凡　　例●

1　法令・ガイドライン等の略記

刑	刑法
個人情報	個人情報の保護に関する法律（個人情報保護法）
著作	著作権法
データ契約ガイドライン	経済産業省「AI・データの利用に関する契約ガイドライン［データ編］」（2018年6月）
独禁	私的独占の禁止及び公正取引の確保に関する法律（独占禁止法）
不正アクセス	不正アクセス行為の禁止等に関する法律（不正アクセス禁止法）
不競	不正競争防止法
民	民法

2　判例集の略語

下民集	下級裁判所民事判例集
知的裁集	知的財産権関係民事・行政裁判例集
判時	判例時報
判タ	判例タイムズ
民集	最高裁判所（大審院）民事判例集

●目　　次●

はしがき・*i*
凡例・*iii*

第1章　データに関する基礎知識

1　データの法的性質・特徴 …………………………………………… *1*
　(1)　データと所有権・*1*／(2)　データの特徴・*2*／(3)　データの売買・*4*
2　データに関する法律の体系 ………………………………………… *5*
3　データ取引に関する法的分析の視点 ……………………………… *12*
4　AI・データの利用に関する契約ガイドライン …………………… *13*
　(1)　AI・データの利用に関する契約ガイドライン策定の経緯・*13*／(2)　データの利用に関するガイドライン・*15*
5　データの取扱いに関する基本的視点 ……………………………… *18*
　(1)　オープン・クローズ戦略・*18*／(2)　アーキテクチャによる保護・*20*
6　まとめ ………………………………………………………………… *21*

第2章　データ提供・創出契約の解説

1　目的 …………………………………………………………………… *23*
2　定義 …………………………………………………………………… *24*
　(1)　対象データの特定（1号）・*25*／(2)　対象データ等（2号）・*26*／(3)　派生データ（4号）・*26*／(4)　「加工」の定義（3号）・*27*／(5)　利用（5号）・*28*／(6)　対象データの変更・*28*
3　データの取得・収集方法等 ………………………………………… *29*
　(1)　データの提供義務・*30*／(2)　データの提供方法・*30*／(3)　データの創出・取得・収集方法・*31*
4　データの利用条件 …………………………………………………… *31*
　(1)　対象データの帰属と利用条件・*33*／(2)　対象データの利用条件の設定（1項）・*35*／(3)　第三者提供の可否（1項‐別紙1）・*38*／(4)　独占禁止法上

の留意点（1項）・39／(5)　契約に明示されていない利用条件の取扱い（【②データ創出型】2項）・41／(6)　知的財産権の取扱い（【①データ提供型】3項、【②データ創出型】2項）・42／(7)　データの著作権の帰属（【①データ提供型】3項、【②データ創出型】2項）・44

5　派生データの利用条件 …………………………………………… 46
(1)　派生データの利用条件・47／(2)　データの利用によって生じた特許権等の取扱い・49／(3)　データの利用によって生じた知見およびノウハウ・52

6　第三者への提供等 ………………………………………………… 53
(1)　第三者への開示・提供（1項）・54／(2)　第三者提供の手続（1項・2項）・55／(3)　営業秘密・限定提供データ・55

7　対価・利益分配 …………………………………………………… 55
(1)　データ取引の対価・57／(2)　対価・利益分配の算出方法・58／(3)　対価・利益分配の支払方法・59

8　データ等に係る保証 ……………………………………………… 59
(1)　データの品質に関する責任・60／(2)　データの正確性・完全性・安全性・有効性・62／(3)　保証の程度・63／(4)　適法な方法による取得（3項）・64／(5)　データ創出責任（4項）・64／(6)　免責特約の制限（7項）・65

9　データ等の管理体制 ……………………………………………… 66
(1)　データの漏えい・不正利用の防止方法・66／(2)　分別管理（1項）・67／(3)　営業秘密・限定提供データ（1項）・67／(4)　対象データの開示範囲（2項）・67／(5)　保管・管理費用（3項）・68／(6)　管理方法・保管方法についての報告（4項・5項）・68／(7)　不正競争防止法・69

10　個人情報の取扱い ………………………………………………… 76
(1)　個人情報保護の取扱い・76／(2)　個人情報保護法の概略・77

11　データ等の漏えい時の対応および責任 ………………………… 82
(1)　データ等の漏えい等があった時の対応および責任（1項－3項）・83／(2)　データ等の漏えい等の行為の差止め（4項）・83／(3)　データ等の漏えい等の場合の違約金（5項）・84

12　秘密保持義務 ……………………………………………………… 84

13　損害賠償 …………………………………………………………… 86
(1)　【①損害賠償責任を制限する場合】の規定・87／(2)　【②損害賠償責任を

目　次

制限しない場合】の規定・88／(3)　【③損害賠償責任を負わない場合】（データ受領者のみが責任を負う場合）の規定・88／(4)　免責規定・88

14　免責 …………………………………………………………… 88
　(1)　不可抗力免責・89／(2)　知的財産侵害の場合の責任・89

15　有効期間 ……………………………………………………… 90

16　解除 …………………………………………………………… 90
　(1)　解除・91／(2)　解除権行使後のデータの利用（5項）・92

17　契約終了後の効力 …………………………………………… 92
　(1)　残存条項・93／(2)　契約終了後のデータの取扱い・93

18　一般条項 ……………………………………………………… 94

第3章　データ共有プラットフォーム利用規約の解説

1　利用規約の適用 ……………………………………………… 101
　(1)　プラットフォーム運営者・101／(2)　運営者の組織形態・103／(3)　利用規約と個別の利用契約・104

2　定義 …………………………………………………………… 106
　(1)　本目的（1号）・107／(2)　会員（2号）・データ提供会員（3号）・データ利用会員（4号）・108／(3)　対象データ（5号）・108／(4)　派生データ（6号）、加工（9号）・109／(5)　利用（8号）・111

3　利用契約の成立および会員登録 …………………………… 111

4　会員資格 ……………………………………………………… 113

5　登録事項の変更 ……………………………………………… 116

6　プラットフォームの利用許諾 ……………………………… 116

7　委託 …………………………………………………………… 117

8　対象データの提供 …………………………………………… 118
　(1)　プラットフォームへのデータの提供方法（1項）・118／(2)　対象データの種類・119／(3)　対象データの範囲・119／(4)　対象データの知的財産権・126

9　対象データに関する保証 …………………………………… 128
　(1)　対象データの保証・129／(2)　取得・生成の適法性等・129／(3)　個人情報の取扱いの有無・129／(4)　データの正確性・完全性・安全性・有効性・132／

(5)　第三者の知的財産権その他の権利の非侵害・*134*／(6)　継続的なデータ提供・*135*／(7)　表明保証違反の損害賠償・*135*

10　利用料金 ………………………………………………………… *136*

　(1)　データ提供・利用の対価・*136*／(2)　対価の種類・*138*／(3)　支払タイミング・*138*／(4)　資金決済法との関係・*139*

11　対象データ・派生データの利用条件 ………………………… *139*

　(1)　利用条件の設計・*140*／(2)　対象データの利用条件・*141*／(3)　第三者提供の可否・*141*／(4)　派生データの利用条件・*142*／(5)　運営者による対象データの加工・*143*／(6)　シェアード・データ／プライベート・データの利用条件・*144*

12　対象データの削除 ……………………………………………… *147*

13　プラットフォーム利用のための設備設定・維持 …………… *151*

14　ID・パスワードおよび対象データの管理 ………………… *152*

15　禁止事項 ………………………………………………………… *153*

16　会員の責任等 …………………………………………………… *154*

17　プラットフォームの管理 ……………………………………… *156*

　(1)　善管注意義務等・*156*／(2)　モニタリング（監査権）・*157*

18　プラットフォームの運営 ……………………………………… *158*

19　運営者設備の障害等 …………………………………………… *159*

20　損害賠償の制限 ………………………………………………… *160*

21　対象データ等の漏えい等の場合の対応 ……………………… *162*

22　一時的な中断および提供停止 ………………………………… *164*

23　サービスの廃止 ………………………………………………… *165*

24　利用規約の変更 ………………………………………………… *165*

　(1)　利用規約の変更手続・*166*／(2)　改正民法における取扱い・*167*／(3)　利用規約の変更前に提供したデータの取扱い・*168*

25　会員による解約 ………………………………………………… *169*

26　運営者による解約 ……………………………………………… *169*

27　反社会的勢力の排除 …………………………………………… *170*

28　解約の効果 ……………………………………………………… *171*

29　一般条項 ………………………………………………………… *172*

| 30 | まとめ ………………………………………………… *173* |

巻末資料

データ利用に関する契約（①データ提供型）………………… *175*
データ利用に関する契約（②データ創出型）………………… *187*
データ共有プラットフォーム利用規約 …………………………… *199*
〈チェックリスト〉データ利用に関する契約（提供型／創出型）……… *213*
〈チェックリスト〉データ共有プラットフォーム利用規約 …………… *217*

●著者略歴………………………………………………………… *222*

第1章
データに関する基礎知識

　データに関する契約を理解するための前提となる知識として、本章ではデータに関する基礎知識について解説します。

1　データの法的性質・特徴

(1)　データと所有権

　データは、不動産や動産のように物理的な実体がある「有体物」とは異なり、物理的な実体がない「無体物」です。無体物であるデータは、有体物とは異なった法的性質をもっており、例えば、データを所有権や占有権の対象とすることはできません。

　データの帰属について、「データを誰が所有するか」ということが議論されることがありますが、データは所有権の対象とならないのですから、データの所有権について論じることは無意味です。

　もっとも、データの取扱いについて、わかりやすさの観点から、所有権のアナロジー（類推）を使って説明することは方法論としてはあり得ます。しかし、所有権のアナロジーを使っているうちに、データにあたかも所有権があるかのような錯覚に陥ってしまい、間違った取扱いをしてしまうという誤りを犯してしまわないように気を付けなければなりません。

　所有権アナロジーの典型例として、「データ・オーナーシップ」論が挙げられます。「データ・オーナーシップ」の意味については、確立したものはありませんが、「データベースの著作権、営業秘密保護に係る権利、個人情報保護法に基づく権利等の法律上の権利、並びに、データに対するアクセス権、利用権、保有・管理に係る権利、複製を求める権利、販売・権利付与に対する対価請求権、消去・開示・訂正等・利用停止の請求権等の契約上の権利等を包含する概念」であると説明されています[注1]。

　データ・オーナーシップについて、「一般には、データに適法にアクセスし、その利用をコントロールできる事実上の地位」または「契約によっ

てデータの利用権限を取り決めた場合にはそのような債権的な地位」を指していることが多いと指摘されています[注2]。この指摘のポイントの1つは、データ・オーナーシップとは、物権的な権利（物に対する排他的支配権）ではないという点にあります。

これらのデータ・オーナーシップの説明は、所有権的な発想から脱却していますが、契約交渉の場において、誰が「オーナーシップ」をもつかという議論になると、知らず知らずのうちにデータに所有権があるかのように錯覚してしまい、その帰属をめぐって当事者の話がまとまらないこともあります。

しかし、データは、有体物とは異なり、複数の者が同時に利用できることから、データが誰に帰属するかという議論よりも、誰がどのような利用条件でどの範囲のデータを利用できるのかが重要であり、利用条件について話し合うことによって当事者間で落としどころを見つけることが容易になると考えられます。

(2) データの特徴

無体物であるデータは、以下のような特徴を有しています。

(A) 排他性の不存在

データは、複数の者が同時に利用できます。そのため、データの利用により、データが摩耗・減少してしまうということはなく、データを他人に分け与えたからといって、自分が保有するデータが減ることもありません。したがって、有体物と異なって、データを共有することで自らの利用が制約されたり、データ自体が消耗することもありません。

(B) 同時存在性

データは、複数の媒体に同時に存在することができます（同時存在性）。その結果、多数の者が同時利用することができます。その反面、データが盗用されても、元のデータ保有者は、盗用されたデータの所在や、違法行為を把握することが困難となります。

注1）経済産業省商務情報政策局「オープンなデータ流通構造に向けた環境整備」（2016年8月29日）59頁。

注2）データ契約ガイドライン 14-15頁。

(C) 拡散容易性

　データは、デジタル化されているため、コピーすることが容易であり、コピーによって内容が劣化しません。そのため、データは、加工が容易であり、また大量かつ広範にコピーが可能であることから、大量に流通させることができる反面、一度外部に流出してしまうと拡散しやすい性質があります。

(D) 流通の不可逆性

　データは、一度外部に開示・流出してしまうと、開示・流出する前の状態に戻すことはできません。そのため、データが外部に一旦流出してしまうと、それをなかった状態に戻すことは困難であり、被害を回復することが困難です。

　データについては、これらの特徴があるために、利活用の自由度が高い反面、データを法的に保護することや無断利用などの違法行為を摘発することは、一般論としては、有体物と比べると容易ではありません。

　では、データの保有者は、データに対する利益をどのように守ることができるでしょうか。

　データに対する自らの利益を守る手段として、まずは法律が考えられます。しかし、データについては、著作権法などの知的財産権法によって保護される場合は限定的なため、知的財産権法による保護は十分とはいえません。

　この点、データに対する自らの利益を守る手段として、データを秘匿するという方法があります。秘匿してしまえば、他人が利用することはできず、データを保護するには最も手っ取り早いといえます。また、不正競争防止法により、営業秘密や限定提供データに該当するデータは、不正な取得に対する保護がなされています。しかし、他人にデータを提供し、広く利用することを想定している場合には、不正競争防止法では保護できない場合があります。

　そこで、データを他人に提供する場合に契約をすることで、データに対する自らの利益を守ることが考えられます。契約は法律と異なって、当事者の意図を柔軟に反映することができます。しかし、契約をしたとしても、

契約の拘束力を契約当事者以外の第三者に及ぼすことはできません。また、データの受領者が契約に違反して、データが外部に一旦流出してしまうと、情報には一度開示すると取り戻せない性質があるため（流通の不可逆性）、損害の回復は容易ではありません。このように、契約という手段にも一定の限界があります。

そこで、技術的手段などによって、データに対する自らの利益を守ることも考えられます。具体的には、アクセス制限や暗号化などによる保護です。技術的手段による保護は、その保護を突破する技術が必要であることから、法律や契約と比べて、データに対する利益を保護する手段として強力な場合があります。

以上の通り、データの保護や権利関係の定めについては、上記のいずれの手法も一長一短があるので、どれか1つではなく、上記の手段を組み合わせて、最も効果的な対策を考えることが重要です。

(3) データの売買

データについて「売買」するという言葉が使われることがあります[注3]。売買とは有償の移転を意味するとすれば、特許権・著作権・商標権などの無体物であっても、有償で移転することは可能ですので、データを「売買」することは理論的に可能です。民法は、売買以外の有償契約についても、売買に関する規定を性質に反しない限り準用していますので（民559条）、データ取引が民法上の売買に当たるか否かを議論する実益はあまりありません。

もっとも、後述する通り、データに排他性がないことが多いため、データの「売買」は、有体物の「売買」とは異なることがある点は注意が必要です。

自動車や建物などの有体物を売買した場合には、有体物には排他性があるため、売主は、売却した物を使うことはできません（新たに賃貸借契約などを締結すれば別ですが）。また、特許権・著作権・商標権などの無体物についても、これらの知的財産権には法律によって排他性が付与されてい

注3）民法555条は、「売買は、当事者の一方がある財産権を相手方に移転することを約し、相手方がこれに対してその代金を支払うことを約することによって、その効力を生ずる。」と規定している。

るので、有体物と同様に、売主が売却した知的財産権を当然に使うことはできません。

しかし、知的財産権が発生していないデータについては、買主に移転したとしても、売主の手元にデータを残して、それを使ったり、他人に売ることも可能です。買主が、データを購入すれば、自分だけがデータを独占的に使えると思っていたとしたら、それは必ずしも正しくありません。もし、買主が、売主による利用や二重譲渡を禁止したいのであれば、契約によって禁止する必要があります。

データ契約ガイドライン25頁は、「データの譲渡とは、一般的に、データの利用をコントロールできる地位を含む当該データに関する一切の権限を譲受人に移転させ、譲渡人は当該データに関する一切の権限を失う趣旨であると考えられる」と述べています。しかし、そのような考え方が確立しているとはいえないため、当事者によっては「譲渡」や「売買」したとしても自らがデータを使えると考えている可能性も否定できず、譲渡人が譲渡したデータを使えるか否かについては争いの余地があります。

データを提供する行為とは、当事者の意図としては、データ提供者が、データ受領者に対して、データの利用を許諾する行為（すなわちライセンス行為）であることが一般的であると考えられます。

そのため、データの「売買」と呼んでいる行為であっても、データ提供者が「データに関する一切の権限を失う」ことについて合意がない取引は、データ提供者によるデータの利用許諾であると解される可能性があります。その場合、独占的ライセンスを付与するなどの合意をしない限り、データ提供がなされても、データ提供者が自己利用したり、他の者に対してデータを提供することを禁止することができない点に留意する必要があります。

2　データに関する法律の体系

データの取扱いについて法律的な観点から整理すると、データは以下①から⑨の通り分類されます。なお、②～⑨は重複することもあります。
　①　一般的なデータ（下記②～⑨以外のデータ）
　②　契約によって規律されるデータ
　③　不正競争防止法により保護されるデータ

第1章 データに関する基礎知識

【図表1-1】データの種類と制約

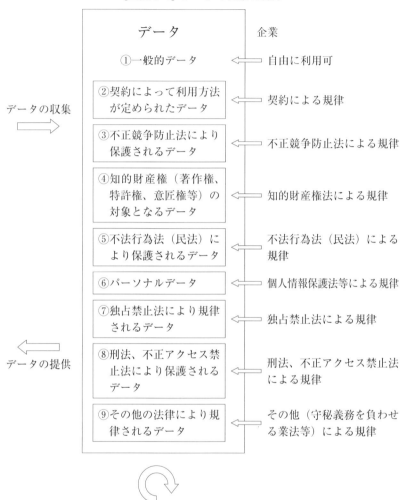

④　知的財産権の対象となるデータ
⑤　不法行為法（民法）により保護されるデータ
⑥　パーソナルデータ
⑦　刑法・不正アクセス禁止法により保護されるデータ
⑧　独占禁止法により規律されるデータ
⑨　その他法律により規律されるデータ

　以下では、①から⑨のデータについて概略を説明します[注4]。
(A)　**一般的なデータ**
　一般的なデータとは、上記②から⑨を除いたデータのことを意味します。そのようなデータとして、例えば、センサーが収集した気温・湿度のデータや交通量のデータが考えられます。
　これらのデータは、法的な定めがない以上、法律的には、誰がどのように使っても自由です。現実社会において、人々は、情報（をデジタル化したデータ）の大部分を自由に利用しています。
　このことは、データ保有者の観点からすれば、この一般的なデータについては、他人によるデータの利用に対して自らの法的権利の主張ができず、データに対する投資や労力が報われなくなることを意味します。もっとも、自由に使えるといっても、実際には、データを利用できるのは、データに現にアクセスが可能な者に限られますので、法的に保護されなくても、対価を支払った者だけにアクセスを認めることでデータに対する投資を回収することが考えられます。
(B)　**契約によって利用方法等が定められたデータ**
　データの取扱いについて、当事者が契約に合意して利用方法等を定めた場合には、当事者間でそのような合意をした以上、合意した契約に従うことが求められます。このような契約の典型例としては秘密保持契約が挙げられます。契約による規律は、その内容を当事者が基本的に自由に設定できる点で、法律が規律する上記③から⑨のデータとは異なっています。た

注4）詳細な説明については、福岡真之介＝松村英寿『データの法律と契約』（商事法務、2019）を参照。

だし、消費者契約法や改正民法の定型約款に関する規定などの法律により、契約条項が無効となる場合があります。

また、契約は契約当事者のみを拘束し、契約当事者ではない第三者を拘束することは基本的にはできませんので、その効力が及ぶ範囲は限定されています。

(C) **不正競争防止法により保護されるデータ**

不正競争防止法に定める「営業秘密」と「限定提供データ」に該当するデータについては、不正競争行為に当たる態様でデータを取得・使用・開示等をした者に対して差止請求や損害賠償請求をすることができます（同法3条・4条）。

「営業秘密」とは、秘密管理性、有用性、非公知性を満たす情報のことです（不競2条6号）。したがって、データを営業秘密として保護したい場合には、利用者を限定したり、秘密保有契約書を締結するなどの秘密管理をすることが必要となります。

もっとも、データを活用してもらうために多数の者に提供するような場合には、秘密管理性・非公知性の要件を満たさなくなり、営業秘密として不正競争防止法により保護できなくなることも考えられます。そこで、2018年不正競争防止法改正により、営業秘密に該当しないデータであっても、利用者が限定的されているなどの要件を満たすビッグデータを「限定提供データ」として、不正競争防止法による保護の対象とすることとされました。

(D) **知的財産権の対象となるデータ**

知的財産権の対象となるデータについては、知的財産権法に基づく保護がされることになります。知的財産権法にはさまざまな法律がありますが、データとの関連では、著作権法が主に問題となります。著作権が成立する場合には、著作権者は、著作物のコピー、改変、譲渡等についてコントロールする権利をもつことになります。

著作権は、小説や音楽などを念頭に立法されたという歴史的経緯から、著作権が成立する要件の1つとして「創作性」を求めています。そのため、一般的には、単なる事実についてのデータについては、著作権が成立する要件である「創作性」がないものとして、著作権が成立しません。つ

まり、どんなに収集に労力を費やしたデータであっても、創作性のないデータには著作権は成立しません。

このように単なる事実についてのデータには著作権は成立しませんが、文章・写真・音楽などをデジタル化したデータには創作性が認められ、著作権が成立する可能性があります。また、データ自体に著作権がない場合であっても、データの集合物についてデータベース著作物として著作権が成立する場合があります。

もっとも、著作権が成立する場合であっても、著作権法では、著作権者の権利が制限されている場合があり、第三者が著作権者の許諾を得ずに著作物を利用できる場合もあります。

(E) **不法行為法(民法)により保護されるデータ**

データの不正な利用は、その態様によっては、不法行為(民709条)として損害賠償請求の対象となります。例えば、裁判例の中には、データのデッドコピーについて、不法行為による損害賠償責任を認めたものもあります[注5]。この裁判例は、労力と費用を投下して作成したデータベースについて、民法の不法行為の規定により保護される可能性があることを示唆しています。もっとも、著作権法で保護されないデータについては原則として損害賠償請求できないことを示唆した最高裁判決[注6]もあり、著作権がないデータのコピーに対して、不法行為に基づく損害賠償請求が可能か否かについては議論があります。

なお、不法行為の場合には日本法では金銭的賠償の原則がとられていること(民722条1項・417条)から、差止請求をすることは困難です。

(F) **パーソナルデータ**

個人に関する情報は、パーソナルデータとも呼ばれており、その取扱いが話題となることもしばしばです。パーソナルデータの取扱いについては、個人情報保護法等による規律があります。極めて単純化して述べると、個人情報保護法では、個人情報を取得する際に利用目的を公表・通知すること、利用目的の範囲内で利用すること、第三者に提供する場合に原則とし

注5) 東京地判平成12・3・17判時1714号128頁(翼システム事件)。
注6) 最判平成23・12・8民集65巻9号3275頁(北朝鮮映画事件)。

第1章　データに関する基礎知識

て本人の同意を取得するかオプトアウト手続を設けることなどが求められます。そのため、個人情報の利用や共有については慎重な検討を要する場合が多いのが実情です。

また、実際には、法律だけではなく、個人情報保護をビジネスに利用することに対する消費者の反感といったいわゆる「炎上リスク」に対する対策や企業倫理も考慮する必要があります。

(G)　**独占禁止法によって規律されるデータ**

データの取扱いについて、独占禁止法によって規律されることがあります。独占禁止法によるデータに対する規律はさまざまなものがありますが主なものとしては以下があります。

第1に、価格データを同業社間で情報交換するような場合には、カルテル（不当な取引制限）として独占禁止法により禁止される場合があるため注意が必要です。

第2に、優越的地位にある事業者が、その地位を利用して相手方からデータを不当に取得するような場合には、優越的地位の濫用（不公正な取引方法）として独占禁止法により禁止される場合があります。

第3に、提携する当事者間で共有・共同収集されたデータを一方的に帰属させたり、合理的な範囲を超えて利用制限する行為は、データに希少性があり、技術または商品・サービス市場における有力な地位を強化することにつながる場合や、当事者の研究開発意欲等を損なって新技術・製品の開発を阻害する場合などには、拘束条件付取引として独占禁止法により禁止される場合があります。

第4に、近時、大量にデータを収集・保有するプラットフォーム事業者などが登場していますが、ネットワーク効果を不当に操作・増幅して、データを利用する技術または商品・サービス市場における市場支配力を形成することが独占禁止法上問題となる場合があります。

(H)　**刑法・不正アクセス禁止法により保護されるデータ**

データに対して不正なアクセスを行った者に対しては、刑法・不正アクセス禁止法によって刑事罰が科されることがあります[注7]。

注7）不正競争防止法によっても刑事罰の対象となることがある。

例えば、サイバー攻撃を行ってデータを不正に取得する行為は、不正指令電磁的記録作成・取得罪（刑161条の2・168条の3）に当たり得ます。
　また、不正アクセス禁止法は、他人の識別符号を悪用し、本来アクセスする権限のないコンピュータにネット経由でアクセスする行為や、セキュリティホールを利用して、本来アクセスする権限のないコンピュータにネット経由でアクセスする行為を処罰するものとしています。

(I) その他法律により規律されるデータ

　上記の法律以外にも、データの取扱いについて規律している法律があります。例えば、金融機関、電気通信事業者、医師、弁護士は、業法によって守秘義務を負っています。これらの者が保有しているデータについては、これらの業法によって自由なデータ利用が制約されています。

　以上をまとめると、データは、法律に規定がない限り、現にアクセスできる者が自由に利用できます。そして、法律により規律されている場合は限定的です。もっとも、契約が締結されている場合には、契約当事者間においては、契約の規定によって規律されることとなります（ただし消費者契約法などの強行法規については契約より法律が優先する）。
　このように、当事者間においては契約をすることによりデータに対する規律を設けることができることから、データ保有者がデータを外部提供する場合にデータ受領者による利用をコントロールするために、契約によることが現実的かつ効果的な手段の1つとなります。契約は、法律と異なり、当事者間の意向を反映できるという柔軟性があります。
　データ取引についての契約を作成するためは、無体物ゆえの特性を考慮する必要があります。ところが、実際には、多くの人々は従来の有体物を対象とした契約（例えば売買契約）の発想から抜けきれていないため、データ取引に際して、適切でない契約が作成されたり、理解不足による不毛な議論が繰り返される場合も少なくありません。そのようなことを防ぐためには、データ取引契約の作成者は、データの特性を正しく理解することが求められ、また、関係者に対して、正しい理解を伝えることが必要といえます。

3 データ取引に関する法的分析の視点

データに関する法律体系は以上の通りですが、実際のデータ取引をどのように法的に分析すればよいのでしょうか。

データ取引を法的に分析するに当たっては、①データ取得段階、②データ利用段階、③データ提供段階の3つの段階に分けて考えることができます。

①データ取得段階では、データを外部から取得する際に、データを入手することが各種法令に違反しないかを検討します。

例えば、データが著作物である場合には、著作権法が問題となりますので、原則として、データの取得段階において、著作権者の承諾を得る必要があるかを検討する必要があります。また、独占禁止法との関係で、データの入手方法が、優越的地位の濫用や拘束条件付取引に該当しないかを検討する必要があります。

②データ利用段階では、取得したデータを利用する際に、データを利用することが各種法令に違反しないかを検討します。

例えば、パーソナルデータを利用する場合には、個人情報保護法との関係で、その利用が通知・公表した利用目的の範囲内であるかを検討する必要があります。また、データ提供者との間で契約がある場合には、データの利用が、契約に定める利用条件の範囲内であるかを検討する必要があります。

なお、この利用段階においては、データの保存や管理も検討対象となります。

③データ提供段階では、取得したデータを外部に提供する際に、データを提供することが各種法令に違反しないかを検討します。

例えば、パーソナルデータを第三者に提供する場合には、個人情報保護法との関係で、第三者に提供することについて本人の同意が必要かについて検討する必要があります。

また、データ提供者との間で契約がある場合には、データの第三者提供が、契約に定める利用条件の範囲内であるかや秘密保持条項に反しないかについて検討する必要があります。

なお、データの受領者は、違法なデータや不適切なデータを取得すると、自らに違反行為がなくても社会的に批判されたり、データを破棄せざるを得なくなることもあります。そこで、データの受領者としては、①データ取得段階において、入手するデータが適法・適切に入手されたものであることについて、データ提供者に対して確認を求めることが考えられます。この確認手続を、「データ・デューデリジェンス」と呼ぶこともあります。このデータ・デューデリジェンスの要求に対して、データ提供者としては、データの入手経路をエビデンスとともに示すことが考えられます（データ・デューデリジェンスに応じるかはデータ提供者の判断による）。

　もっとも、入手経路やエビデンスについて詳細な開示をしたくない、あるいは開示することが困難な場合もあり、そのような場合には、データ提供者がデータ受領者に対してデータ入手の適法性・適切性等について表明保証することも考えられます。また、弁護士が事実関係を確認し、データ入手の適法性・適切性等についての法律意見書[注8]を作成して、データ受領者に提出することも考えられます。

4　AI・データの利用に関する契約ガイドライン

(1)　AI・データの利用に関する契約ガイドライン策定の経緯

　データの利活用の重要性が増加している中で、データや、それを活用するための新技術であるAI技術については、契約実務のプラクティスが確立していないことや、あるいは当事者間の認識・理解のギャップがあることにより、そもそも何が問題かわからないという悩みや、契約交渉がスムーズに進まないという問題が指摘されており、データ取引やAI技術の開発・利用に支障が生じることが懸念されていました。

　そこで、データ契約について、経済産業省等から、「データに関する取引の推進を目的とした契約ガイドライン」や「データの利用権限に関する契約ガイドラインver1.0」が公表されていました。しかし、近時のAIやIoT技術の急速な進展に伴って、新たな問題が生じていたことから、ビジネスの現場において使いやすい具体的なガイドラインの作成が望まれてい

注8）ただし、法律意見には多くの前提条件が付されるのが通常である。

第1章　データに関する基礎知識

【図表1-2】新ガイドラインの位置付け

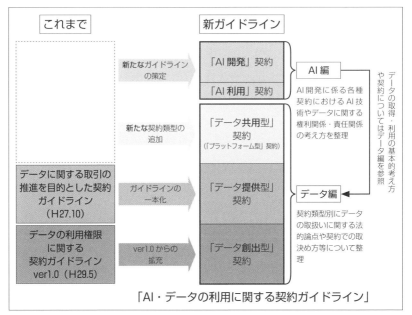

＊経済産業省「第3回AI・データ契約ガイドライン検討会　事務局報告資料」。

ました。

そこで、経済産業省は、データ取引やAI技術の開発・利用に関する契約について、具体的な事案に基づく専門家の議論を踏まえた上で、法的論点を整理し、契約条項例や条項作成時に考慮する要素についての情報を情報提供することによって解決を図っていくために、2017年12月に「AI・データ契約ガイドライン検討会」を設置し[注9]、2018年6月に「AI・データの利用に関する契約ガイドライン」を公表しました（同ガイドラインは経済産業省のウェブサイト[注10]で閲覧することができる）。

データ契約ガイドラインは、「データ編」と「AI編」の2つに分かれており、以下では「データ編」について解説します。

注9）筆者も同検討会の一員として参加している。
注10）https://www.meti.go.jp/press/2018/06/20180615001/20180615001.html

(2) データの利用に関するガイドライン
(A) データ契約の類型

データ契約ガイドラインでは、データ契約を3つの類型に分類しています。

第1の類型である「データ提供型」とは、取引の対象となるデータを一方当事者（データ提供者）のみが保持しているという事実状態について契約当事者間で争いがない場合において、データ提供者から他方当事者に対して当該データを提供する際に、当該データに関する他方当事者の利用権限その他データ提供条件等を取り決めるための契約とされています。

第2の類型である「データ創出型」とは、複数当事者が関与することにより、従前電磁的に存在しなかったデータが新たに創出されるという場面において、データの創出に関与した当事者間で、データの利用権限について取り決めるための契約とされています。

第3の類型である「データ共用型」とは、複数の事業者がデータをプラットフォームに提供し、プラットフォームが当該データを集約・保管、加工または分析し、複数の事業者がプラットフォームを通じて当該データを共用するための契約とされています。

なお、実務的には、データ取引が上記のいずれかの類型にきれいに分類されるものではなく、また、ある類型に属するからといって何らかの結論が自動的に導き出されるものでもありません。したがって、「このデータ取引はデータ創出型だから、○○すべきだ」とはいえません。上記の3類型はあくまで整理のための概念です。

(B) データの法的性質

前述の通り、データは無体物のため、民法上、所有権や占有権、用益物権、担保物権の対象とならず、所有権や占有権の概念に基づいてデータに係る権利の有無を定めることはできません。しかし、データ契約をめぐる交渉では、データがあたかも有体物のように扱われ、どちらに帰属するかが争点となって、議論が膠着してしまうこともあります。データ契約ガイドラインでは、データの法的性質について、物権的な発想に基づく硬直した議論ではなく、契約を通じて、個別の利用権限ごとにさまざまな考慮要素を評価してデータの利用権限を柔軟に調整することを提言しています。

第1章　データに関する基礎知識

【図表 1-3】データ契約の 3 類型

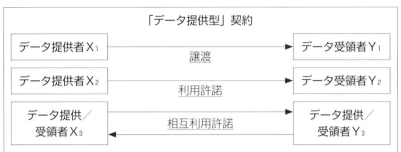

・データ提供者から他方当事者に対してデータを提供する際に、他方当事者のデータ利用権限等を取り決める契約（対象データをデータ提供者のみが保持しているという事実状態が明確である場合）

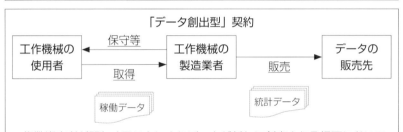

・複数当事者が関与することによりデータが新たに創出される場面において、データ創出に関与した当事者間で、当該データの利用権限を取り決める契約

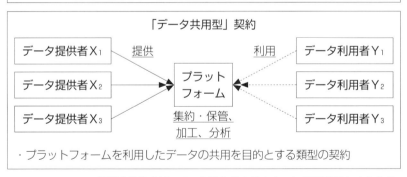

・プラットフォームを利用したデータの共用を目的とする類型の契約

＊経済産業省「AI・データ契約ガイドライン」（概要資料）より抜粋。

(C) データ契約における主要な法律論点

データ契約ガイドラインでは、データ契約について、以下の法律論点が指摘されています。

(i) 派生データ等の利用権限の有無

データ提供者から提供された提供データをデータ受領者が加工・分析・編集・統合することで、さまざまな成果物が生じる可能性があります。データ受領者が、データ提供者による派生データの利用を認める場合や、提供データから生じたデータ受領者に帰属する知的財産権の利用をデータ提供者に認める場合には、後日の紛争を避けるため、その利用の範囲や利用の際の対価の有無などについてあらかじめ契約で定めておくことが望ましいといえます。

(ii) 提供データに問題がある場合の責任

データを提供する契約が有償である場合、データの品質について問題があれば民法上の瑕疵担保責任（改正後は契約不適合責任）の適用があると考えられます。そこで、提供データの正確性、完全性、有効性、安全性、第三者の知的財産権の非侵害等について、どの範囲でデータ提供者がデータの品質について責任を負うのか契約で明確にしておくことが望ましいといえます。

(iii) 提供データを利用したことに起因して生じた損害についての負担

データ受領者がデータを利用している際に、第三者から当該データに関する知的財産権の侵害を理由に損害賠償請求がなされるなど、データの利用に関連して、データ受領者と第三者との間で法的な紛争が生じるようなケースがあり得ます。そこで、契約で、データの利用に関連して第三者との間で生じた法的な紛争によって必要になった費用や賠償金をどちらが負担するのかを規定しておくことが望ましいといえます。

(iv) 提供データの目的外利用

データ取引契約において目的外利用禁止条項が規定されることがあります。このような場合、データの利活用、特に派生データの利活用について、どの範囲で許されるのかが不明確になることも多いため、利活用の範囲について明確に規定しておくことが望ましいといえます。

(v) クロスボーダー取引

クロスボーダー取引の場合、当該取引の相手国のデータ・ローカライゼーションや、データの越境移転規制について十分に理解しておく必要があります。

(vi) 個人情報等を含むデータ

データに「個人情報」を含む場合や「個人データ」に該当する場合、個人情報保護法等に沿った対応が必要になりますので注意が必要です。

5 データの取扱いに関する基本的視点

(1) オープン・クローズ戦略

企業は、データを囲い込みがちです。情報を外部に開示することが自らの競争力を低下させることになる可能性がある以上、それは当然の行動といえます。しかし、今まではそれでよかったかもしれませんが、ビッグデータ時代においては、そのようにデータを囲い込むことが本当に企業にとってメリットがあるのかについては再考する必要があります。

データは、集積すれば集積するほどより価値が生じるという傾向があります。現在、インターネットの普及やAI技術の実用化により、人間は大量のデータを収集・分析する能力を獲得し、より大量のデータをもっている企業が、競争において有利となる時代となっています。Google、Amazon、Facebookは、大量のデータを活用する企業の典型例です。

では、より大量のデータを入手するにはどうしたらよいのでしょうか。

大量のデータを取得する仕組みを構築するのは容易ではありませんし、一度、先行企業にそのような仕組みを構築されてしまうと、後行企業が追いつくことは容易ではありません。そこで、単独でデータを収集するのではなく、複数企業でデータを持ち寄ることが考えられます。その場合には、他社のデータの入手をすることの引換えに、自社のデータを提供する必要があります。すなわち、より大量かつ多様なデータを入手するためには、データを囲い込むわけにはいかなくなりつつあるのが現状です。

このように、ビッグデータ時代において、競争に勝つためには、データを囲い込むのではなく、一定のデータを外部に提供して共有することも有力な選択肢となっています。複数の企業がデータを持ち寄ることで大量の

データが集まれば、企業単体では集めることができないデータが集積するので、その利用により、生産性の向上やイノベーションが生まれる可能性も高まってきます。

　他方で、データの囲い込みを続ける企業は、他社からのデータの提供を受けることが困難になるため、データ不足となり、ビッグデータ時代には競争に敗れ去る可能性が高くなります。

　もちろん、企業としては、すべてのデータを外部に開示すればよいというものではありません。企業秘密を開示すると企業の競争力の低下を招きますし、他社に守秘義務を負った上で預かっているデータもあります。

　そのため、ビッグデータ時代の今、開示すべきデータは開示し、秘密にすべきデータは秘密にするという「データのオープン・クローズの戦略」を検討する必要があります[注11]。

　データをオープンにすべきか否かの判断要素としては、以下が考えられます。

・自社の競争力の源泉か
・秘密情報か
・データの価値
・データの集積度
・開示することによって受けられるメリット・対価
・開示することで、自社が利用できるデータがどれだけ増えるか
・他社が容易に取得できるデータか
・データ収集の仕組みが他社に真似できないものか
・他社にとってどれだけ有益な情報か
・パーソナルデータを含むか

　データ契約を取り扱う法務担当者においても、近視眼的にいたずらに自社データの秘密保護や権利保持に固執するのではなく、広い視野をもって、オープンにすべきデータとクローズにすべきデータを仕分けして、それぞれについて適切な取扱いをすることが、自社にとって有益となることを理

注11）このような考え方は、一般的な意味での知的財産のオープン・クローズ戦略と必ずしも一致するものではないが、他社に解放する領域と自社で囲い込む領域を分けて対応するという意味で、オープン・クローズ戦略という用語を使用している。

(2) アーキテクチャによる保護

　データに対する法律による権利保護は、十分なものとはいいがたいのが現状です。そうなると、データ保護論者からは、「法律を改正して保護を強化すべきだ」という主張がされがちです。しかし、データは、本当に法律によって保護すべきものなのでしょうか。

　アメリカの法学者のローレンス・レッシグは、規制は、法、社会の規範、市場、アーキテクチャの4つによってなされると分析しています[注12]。

　そして、サイバー空間では、それを形作るソフトウェアとハードウェアが人の振る舞いに対する制約を構成するとしています。レッシグはサイバー空間において人の振る舞いを規制するアーキテクチャを「コード」と名づけています。

　コードの例としては、IDやPWによるアクセス制限や、コピー防止機能によるコピー制限などがあります。このようなコードは、技術的に迂回できる方法はあるかもしれませんが、一般人からすれば、アクセス権がないデータにはそもそもアクセスすらできないため、法律以上に、強力な規制となります。

　データについても、同様に①法、②社会の規範[注13]、③市場、④アーキテクチャといった制約が存在します。データに対する法律による権利保護は不十分だとしても、データは、電子化されているためIT技術によるコントロールが比較的容易にできます。そこで、データについて法的手段による保護だけを考えるのではなく、アーキテクチャ（コード）による保護も併せて考えるという視点をもつことが重要といえます。

　なお、法的手段による保護と技術的手段による保護をそれぞれ単独で考えるよりも、両者の併せ技がより効果的な保護手段となります。例えば、データについては、暗号化によって技術的に保護した上で、その技術的保護手段を回避するような行為に対しては、不正競争防止法の技術的制限手段の効果を妨げることを可能とする装置・プログラム・サービス等を提供

注12）ローレンス・レッシグ『CODE VERSION2.0』（翔泳社、2007）172頁。
注13）パーソナルデータの取扱いについては、法律を遵守するだけではなく、社会規範についても考慮する必要性が高いことは近時の多くの事例が教えるところである。

【図表 1-4】4 つの制約条件

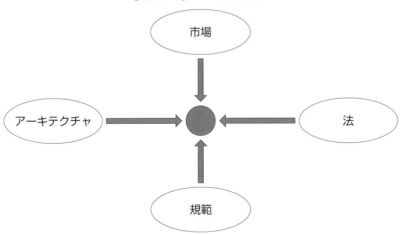

＊ローレンス・レッシグ『CODE VERSION2.0』（翔泳社、2007）174 頁。

する行為を禁止する規定（不競2条1項11号・12号）に基づいて損害賠償や差止請求をすることが考えられます。

このように、データについては、法務担当者は、法的手段によるデータの保護だけを考えるのではなく、アーキテクチャによる保護を視野に入れる必要性が高まっているといえるでしょう。そのため、法務担当者のスキルとして、今後は、データの流通・利用状況や、そこで利用されているテクノロジーを理解することが求められると考えられます。

6　まとめ

以上の通り、データについての基礎知識をご紹介しました。次章からは、著者らが作成したモデル契約に基づいて、データ取引契約について解説していきます。

第2章
データ提供・創出契約の解説

　データ契約ガイドラインでは、データ契約について、①データ提供型、②データ創出型、③データ共用型の3つに分類しています。本章では、データ提供型契約とデータ創出型契約について、具体的な契約の交渉、契約のドラフティングに当たっての実務上のポイントをひな型（以下、「本モデル契約」という）を示しながら解説します。データ共用型契約については、多数当事者間の契約であるため、その性質が他の2つとかなり異なることから、次章で取り上げます。

　データ提供型とデータ創出型では、取引の対象となるデータの保持者が明確であるか否かという点を除いては、契約において検討しておくべき主要なポイントは共通しています。また、データ提供型とデータ創出型のいずれに当たるか容易に分類できないようなデータ取引もあります。そこで、本章では、データ提供型とデータ創出型をひとまとめにして解説します。もっとも、一部では異なる条項を設けています。具体的には、本モデル契約の3条と4条では、データ提供型とデータ創出型で異なる条項を設けています。

　データ取引は、製品の売買契約などの他の取引と併せて行われることも多いのですが、そのような場合には、その取引の契約書に本モデル契約の各条項を取り込んでいただければと考えています。例えば、本モデル契約のデータ利用に関する3条から6条、データ保証に関する8条、損害賠償に関する13条が参考になると思います。

　なお、本モデル契約のデータ提供型の条項では、甲が乙に対してデータを提供することを前提としています。また、本モデル契約は、B to B（企業間）取引を念頭に置いて作成しています。個人との間のデータ取引契約については、個人が当事者となることから、よりシンプルにしたり、個人情報の取扱いについてより詳細に定めた契約を作成することが想定されます（情報銀行におけるモデル契約約款〔個人と情報銀行との間〕[注1]が参考になる）。

本モデル契約中の［　］は、必要に応じて文言を選択または補充していただく場合や条項を設ける場合（オプション条項）に用いています。本モデル契約の書式全体は本書の末尾に添付してありますのでご参照ください。
　甲や乙といった当事者に［　］がある場合には、データ提供型とデータ創出型によって当事者を書き分ける必要があるために［　］を付している場合が多く、データ提供型の場合には、どちらか一方の当事者が権利または義務を負うことが多いため、［　］に記載された権利・義務がない当事者を削除することが想定されています。

1　目的

> 第1条（目的）
> 　本契約は、両当事者が［○］事業（以下「本事業」という。）により［○］を行うことを目的（以下「本目的」という。）とする。

　1条では契約の目的を定めています。目的条項は、一般的に契約の冒頭で定められるものですが、基本的には当事者間が協業やサービス提供に関する契約を履行することにより目指すところを記載することになります。
　1条は、データの利用条件や秘密保持義務における秘密情報の利用目的に紐付けられることも多く、その場合には、1条は単に抽象的に目的を定めているにすぎないのではなく、「本目的」の規定内容によって、データが利用できる範囲が異なってきます。本モデル契約でも、本目的は12条1項の目的外利用の禁止規定と紐付いています。
　そのため、本目的が目的外利用の禁止規定と紐付いている場合には、本目的の範囲を広く設定すれば、目的外利用の禁止規定による制約は小さくなりますし、逆に、目的の範囲を狭く設定すれば、目的外利用の禁止規定による制約は大きくなります。
　また、「本目的」を詳細に記載することは、目的外利用の禁止規定の適用を判断するに当たって、判断基準になります。
　このように、1条は、単に当事者の認識を記載しただけの抽象的な精神

注1）https://www.tpdms.jp/application/index.html　参照。

規定ではなく、データの利用範囲を定める重要な規定となる場合があることを認識しておく必要があります。

なお、例えば、データを提供し、データの受領者は自由にデータを利用できるような取引については目的を定めないことも考えられます。

2 定義

> 第2条（定義）
> 　本契約において使用される用語は、以下の意味を有するものとする。
> (1) 「対象データ」とは、[本事業に基づいて創出、取得又は収集されるデータをいい、]その詳細は別紙1に定める。
> [(2) 「対象データ等」とは、対象データ及び派生データをいう。]
> (3) 「加工」とは、対象データを加工、編集、統合[、分析][等]することをいう。
> (4) 「派生データ」とは、対象データを加工したデータをいう。[但し、派生データには、対象データを解析又は分析して得られた知見及びノウハウは含まないものとする。]
> (5) 「利用」とは、利用、使用、加工、開示、利用許諾、移転、譲渡及び処分等することをいう。
> [(6) 「売上金額」とは、派生データを第三者に提供することによって、当該第三者から対価として受領した金額をいう。]

別紙1

1．対象データおよびその利用条件

	データ名	データ項目等	対象期間	甲の利用条件	乙の利用条件
1	○○○	【データを特定するに足りる情報（取得機器名、量、粒度、形式等）】	【○年○月○日〜○年○月○日】の期間に取得されたもの	【利用目的】【第三者提供（譲渡又は利用許諾）の可否】【加工の可否】[【知的財産権／著作権】]	【利用目的】【第三者提供（譲渡又は利用許諾）の可否】【加工の可否】[【知的財産権／著作権】]
2	○○○				

(1) 対象データの特定（1号）

データは目に見えない無体物であることから、その特定には工夫が必要となります。取引対象となるデータが特定されていないと、後に紛争の種となる可能性があります。そのため、どのような項目のデータを収集するかは明確にしておく必要があります。

対象データの特定については、既存のデータであれば特定は比較的容易ですが、これからデータを創出していくような場合には特定が困難なこともあります。本モデル契約では、対象データは、別紙1において①データ名、②データ項目、③対象期間で特定していますが、データの性質によっては異なる方法で特定することも考えられます。

対象データを特定する方法として、2条(1)の別紙1では、以下のような事項についての詳細を別紙において定めることを想定しています（対象データのカタログ化）。

第1に、データに名称がある場合には、データ名で特定することが考えられます。例えば、「〇商品の顧客名簿」「〇業のPOSデータ」といった特定です。もっともこれだけでは十分特定できない場合があり、以下に述べるその他の項目と併せて特定することを検討することも考えられます。

第2にデータを特定の機器やセンサで収集している場合には、その機器・センサを特定することでデータを特定することが考えられます。例えば、「自社の〇店舗における監視カメラの映像データ」といった特定です。

第3に、収集するデータの量について規定しておくことも考えられます。収集したデータを加工・分析して成果を上げるためには、一般論としてはデータ量は多いほど望ましいと考えられています。そのため、データ取引においてはデータ量が重要な要素となるのが一般的です。データ量の計測はビット数に限られるものではなく、レコード数、機器数、収集期間などによって特定することも可能です。

第4に、対象データの粒度も重要になる場合があります。例えば、共有するデータの中に営業秘密やノウハウが含まれている場合もあることから、相手方や第三者に提供されてしまうことのないようにデータの粒度を粗くすることも考えられるところですが、データ受領者の観点からは、粗い粒度のデータでは必要な分析ができないなどのクレームがつくこともあ

り得ますので、粒度についても当事者の認識をすり合わせておくことが考えられます。

　第5に、データのファイル形式が不統一の場合（例えばファイル形式の違う映像等のデータ）には、データ形式の統一に多くの時間と費用を費やしてしまうことにもなりかねません。したがって、収集したデータを効果的に利用するために、データの形式も統一しておくことも考えられます。

(2)　**対象データ等（2号）**

　本モデル契約においては、対象データおよび派生データの2つを逐一言及しています。これは、見過ごされやすい「派生データ」を明示することにより、当事者に意識してほしいという意図によるものです。もっとも、繰り返しになり、煩雑になることもあるので、これらを1つにまとめて、「対象データ等」と定義することも考えられます（2号）。

(3)　**派生データ（4号）**

　派生データとは、2条(4)において、対象データを加工、編集、統合、［分析］［等］（これらを2条3号で「加工」と定義している）したデータであると定義しています。

　本モデル契約では、データを、提供または創出・取得する「対象データ」と、当該データを加工して得られる「派生データ」に分けています。もっとも、この区分は自明のものではなく、データの性質や利用方法によって異なってきます。

　また、対象データと派生データで、異なる利用条件を定めることもあります。

　それゆえに、当事者の間で、何が対象データに該当し、何が派生データに該当するかについて認識のすりあわせをしておくことは重要です。

　例えば、対象データをAIを学習させるための学習用データセットとして利用する場合には、対象データに対して、欠損値の填補やアノテーションの付加などの加工を行って、これを学習用データセットとしてAIに学習させると、学習済みパラメータというデータが生成されることがあります（【図表2-1】）。そして、AIの利用によって何らかのノウハウや知見が得られることもあります。この一連の流れを考えた場合、最終的に生成されたノウハウ・知見は、元データがなければ存在しなかったといえますが、

【図表2-1】元データと派生データ

「派生データ」といえるかは明確ではありません。

　従来は、一般的には、ノウハウ・知見はデータという形式をとらないことが多かったため、派生データとは考えられていなかったように思われますが、派生データか否かは当事者間で認識が異なる可能性があります。学習済みパラメータについても、元データと同一性のあるデータは残っていないのが通常ですが、それが派生データか否かは当事者間で認識が異なる可能性があります。他方で、欠損値の塡補やアノテーションの付加などの加工をしたにすぎないデータについては、元データと同一性があるデータが含まれていますので、一般的には、派生データであることに争いがないものといえます。

　いずれにせよ、データの世界では実際に価値があるのは派生データであることも多いことから、派生データをめぐる当事者間の認識の違いで争いが深刻化する可能性がありますので、契約により明確にしておくことが紛争の予防に有益です。

　2条4号において、オプション条項として、「但し、派生データには、対象データを解析又は分析して得られた知見又はノウハウは含まないものとする」としているのは、派生データから除外されるものについて契約により明確にする試みの例の1つです。

　なお、知見・ノウハウの取扱いについては、5条（データの利用条件）の解説(3)をご覧ください。「知見・ノウハウ」の範囲は不明確であることが多いため、その範囲をできるだけ明確にする方法として、「事業活動に有用な技術上又は営業上の情報」に限定したり、当事者が対象と知見・ノウハウの範囲について合意することなどが考えられます。

(4)　「加工」の定義（3号）

　「加工」の意味については人によって解釈が異なる可能性があるため、

本モデル契約では、「加工」について、その意味を明確にするため、対象データを加工、編集、統合、［分析］［等］することを「加工」と定義しています。

2条では、派生データは、「対象データを加工、編集、統合［、分析］［等］したデータ」としています。ここに、「分析」を加えると、派生データの範囲が広がり、場合によっては、派生データの定義にノウハウ・知見まで含まれるという主張につながります。また、「等」という用語を追加すると、同様に派生データの範囲が広がることになりますし、「等」が何を意味するかについて当事者間で見解の相違が生じる可能性があります。したがって、「加工」の概念に「分析」や「等」を含めることについては検討が必要といえます。

「加工」についても、何をもって加工を意味するかという点について争いが生じることがあります。例えば、学習用データセットを作成するためのアノテーション作業（データセットに対する正解データの追加作業）は、元データに別のデータを付加するものであって「加工」ではないとの見解もあります。

このように派生データについても当事者の認識が食い違うこともあることから、何が派生データを詳しく明確化する必要がある場合もあり、その場合には、派生データの具体的内容を別紙に列挙して記載することで明確にすることが考えられます。

(5) 利用（5号）

データの加工は、データの利用が前提になるため、データの「利用」に当たることは明らかといえますが、移転や譲渡などについては「利用」に当たらないという主張がされることも考えられなくもないために、データの利用、使用、加工、開示、利用許諾、移転、譲渡および処分等することを「利用」と定義しています。

(6) 対象データの変更

データについては、それを利用した結果、後に、当初は想定していなかったデータが必要となったり、新たなデータを創出、取得または収集することができることが判明することもあります。そのような場合には対象データの範囲の変更を検討することになります。そのような変更は、その

ような事情が生じた際に変更契約書や覚書を作成することが考えられますが、あらかじめ変更の手順について合意しておくことも考えられます。以下の条項案は、そのような場合に、当事者（データ受領者を想定している）が相手方に対象データの変更を求める手続についての条項です。

> 第○条（対象データの範囲の変更）
> 1. 甲及び乙は、本契約締結時にはその創出、取得または収集を想定し得なかった新たなデータを創出、取得または収集することができることを知り、そのデータの利活用を求めるときは、相手方当事者に対してその旨通知し、対象データの範囲を変更することを求めることができる。
> 2. 甲及び乙は、前項による通知を受けたときは、甲乙間で対象データの範囲の変更が必要であるか否かを別途協議の上、必要があると決定したときは甲及び乙が合意した手続に従って、対象データの範囲の変更及び当該対象データに対する利用条件を決定する。

3　データの取得・収集方法等

【①データ提供型】（甲が乙に提供。以下同じ。）

> 第3条（対象データの提供方法）
> 　甲は、本契約の有効期間中、乙に対して対象データを、別紙1に定める仕様及び提供方法で提供する。［但し、甲は、データ提供の［○］日前までに乙に通知し、乙が同意［(但し、この同意は不合理に留保されないものとする。)］した場合には別紙1の仕様及び提供方法を変更することができる。］

【②データ創出型】

> 第3条（対象データの創出・取得・収集方法等）
> 1. 甲及び乙は、本契約の有効期間中、甲が運営する［○］において、乙が提供する［○］を使用することにより、対象データを創出・取得・収集するものとし、その詳細は別紙1に定める。
> 2. 甲及び乙は、本契約の期間中、相手方当事者に対して対象データを、別紙1に定める仕様及び提供方法で提供する。
> ［3. 甲及び乙は、前二項にもかかわらず、データ提供の○日前までに相手方当事者に通知し、相手方当事者が同意［(但し、この同意は不合理に留

第 2 章　データ提供・創出契約の解説

> 保されないものとする。)] した場合には<u>別紙 1</u> の仕様、取得・収集方法及び提供方法を変更することができる。]

別紙 1
２．対象データの仕様、［創出・取得・収集方法及び］提供方法
○○○○
【どのようなファイル形式で提供するか】
【どのような手段・方法で提供・共有するか】
【提供頻度】
【誰が、どのような方法で、どの情報を創出・取得・収集するか】

---

(1) データの提供義務

　3 条は、①データ提供型では本文で、②データ創出型では 2 項で、当事者による相手方当事者に対するデータの提供義務を定めています。

(2) データの提供方法

　データの提供方法にはさまざまな方法があることから、当事者の認識を一致させるために、データの提供方法について契約書に定めておくことが望ましいといえます。

　提供方法の詳細な内容としては、①提供形式（ファイル形式など）、②提供方法（記録媒体の引渡し、メールでの送信、サーバへのアップロードなど）があります。例えば、サーバにアップロードする方法で提供する場合には、「対象データは、甲が［ファイル形式］の電子ファイルを甲のサーバにアップロードし、乙が当該サーバから当該電子ファイルをダウンロードすることにより提供する」と記載することが考えられます。

　継続的にデータを提供する場合には、③データの提供頻度について記載することが考えられます。

　海外のパーソナルデータを扱う場合には、域外移転が制限されることがあることから（特に EU の GDPR）、必要に応じて地理的範囲などを定めておくことも考えられます。

　また、契約締結後の技術の進歩や状況の変化に伴い、対象データの仕様、収集方法、提供方法等も変更が必要となることが考えられるため、事前の通知をし、相手方の同意を得た場合には変更できる旨の規定を【①データ

提供型】ただし書以下、【②データ創出型】3項で選択的に設けています。なお、相手方の同意については、「(但し、この同意は不合理に留保されないものとする。)」という規定をオプション規定として設けています。

(3) データの創出・取得・収集方法

データを新たに取得する場合には、データの創出・取得・収集方法についても検討することになります。本モデル契約では、3条で詳細を別紙1で定めることとしています。

その際には、①誰が、②どのような方法で、③どの情報を創出・取得・収集するかを具体的に定めておくことが考えられます。これらは、実施しようとする協業や研究の各当事者の役割から自ずと決まってくることが多いと思われますが、契約上も明確にしておくべきです。

本モデル契約【②データ創出型】では、データを新たに取得することを想定していることや、データの創出・取得・収集の経緯を明らかにするためにも、データの創出・取得・収集方法について契約に定めることが多くなると考えられます。そのため、「甲が運営する［○］において、乙が提供する［○］を使用することにより」という規定を設けて、データの創出・取得・収集方法の条項を追加しています（1項）。データ創出の方法にはさまざまなものがあることから、この文言はあくまで1つの例を示したものにすぎず、データ創出の方法にあわせて文言を規定することになります。

4 データの利用条件

【①データ提供型】

第4条（対象データの利用条件）
1. 乙は、本契約の有効期間中、対象データの種別に応じて、別紙1において定める利用条件により、対象データを利用できるものとする。
2. 乙は、第1項により認められた利用条件以外の態様で、対象データを利用してはならないものとする。
［3. 対象データに係る一切の利用条件を決定する権限［及び著作権（著作権法27条及び28条の権利を含む。以下同じ。)］は、別紙1に定めのあるものを除き、甲が有するものとする。［但し、対象データのうち、第三者に著作権が帰属するものはこの限りではない。］［甲は、乙による対象データの利用について著作者人格権を行使しないものとする。］］

別紙1
1　対象データおよびその利用条件

	データ名	データ項目等	対象期間	乙の利用条件
1	○○○	【データを特定するに足りる情報（取得機器名、量、粒度、形式等）】	【○年○月○日～○年○月○日】の期間に取得されたもの	【利用目的】 【第三者提供（譲渡又は利用許諾）の可否】 【加工の可否】 ［【知的財産権／著作権】］
2	○○○			

【②データ創出型】

第4条（対象データの利用条件）
1．甲及び乙は、本契約の有効期間中、対象データの種別に応じて、別紙1において定める利用条件で、対象データを利用できるものとする。
［2．対象データに係る一切の利用条件を決定する権限［及び著作権（著作権法27条及び28条の権利を含む。以下同じ。）］は、別紙1に定めのあるものを除き、［○が有するものとする／甲及び乙が協議の上、定めるものとする］。［但し、対象データのうち、第三者に著作権が帰属するものはこの限りではない。］［甲及び乙は、相手方当事者による対象データの利用について著作者人格権を行使しないものとする。］］
3．甲及び乙は、前二項により認められた各当事者の利用条件以外の態様で、対象データを利用等してはならないものとする。

別紙1
1．対象データおよびその利用条件

	データ名	データ項目等	対象期間	甲の利用条件	乙の利用条件
1	○○○	【データを特定するに足りる情報（取得機器名、量、粒度、形式等）】	【○年○月○日～○年○月○日】の期間に取得されたもの	【利用目的】 【第三者提供（譲渡又は利用許諾）の可否】 【加工の可否】 ［【知的財産権／著作権】］	【利用目的】 【第三者提供（譲渡又は利用許諾）の可否】 【加工の可否】 ［【知的財産権／著作権】］
2	○○○				

(1) データの帰属と利用条件
(A) データの利用条件をめぐる問題状況と解決方法

　データは、契約の定めがない限りは、原則として現にアクセスできる者が自由に利用することができ、他方で、現にアクセスできない者は利用することができません。そこで、当事者が契約に合意することで、データのアクセスを認めたり、利用条件をつけることで、当事者の意向に沿った形でデータを利用することが可能となります。つまり、データ取引に関する契約とは、当事者に対して、データの利用許諾と利用条件について定める契約であるといえます。

　また、利用条件を定めることは、あるデータにアクセスすることができなかった当事者にアクセスする権原を付与するという意味ももっています。

　もっとも、誰にどのような利用条件を定めるかについて簡単に決まらない場合もあります。この点、データ提供型のように、対象データを一方当事者のみが保持しているという事実状態について当事者間で争いがない場合には、対象データを保持する者が利用条件の決定権を有するものとして取り扱うことに相手方当事者も納得するのが通常です。

　これに対し、データ創出型のように、複数当事者が関与することによって従前存在しなかったデータが新たに創出されるという場面では、データの創出に関与した当事者間で、誰にどのような利用条件を定めるかについて話がまとまらないこともあります。

　例えば、ある者が工作機械を製造業者Aから購入したところ、工作機械の稼動データは製造業者Aの保有するサーバに自動的に送信されるようになっており、製造業者Aは顧客に販売した多数の工作機械の稼動データを収集している場合を想定してみます。この場合、製造業者Aが稼動データから統計データを作成して外部に販売する場合（【図表2-2】）に、この稼動データの利用条件をどのように定めるかが問題となります。

　工作機械の使用者Bからすれば、自分が工作機械を稼動させるからこそ稼動データが生じるのであって、稼動データの利用条件の決定権は自分にあると主張したいところでしょう。他方で、製造業者Aとしては、工作機械にセンサを設けて、データを収集しているのは自社であって、稼動データの利用条件の決定権は自分にあると主張したいところでしょう。特

第2章　データ提供・創出契約の解説

【図表 2-2】データ創出型の事例

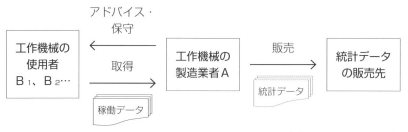

＊データ契約ガイドライン 49 頁。

に、センサの設置やデータ取得ネットワークの設計やコストを製造業者Ａが負担している場合であればなおさらです。

また、この稼動データを製造業者Ａが加工して、統計データとして（あるいは稼動データをそのまま）販売した場合には、その収益に対して、工作機械の使用者Ｂは配分を主張できるのかも問題となり得ます。

このような問題について、原則に立ち返って考えると、データについては、契約の定めがない限りは、原則として現にアクセスできる者が自由に利用することができることから、稼動データに製造業者Ａが現にアクセスできる以上、製造業者Ａは自由に利用することができると考えることになります。

上記の例外は、稼動データに著作権などの知的財産権が成立している場合です。しかし、機械の稼動データには創作性がないことから著作権が成立することは通常は考えられません。

では、製造業者Ａと工作機械の使用者Ｂとの間で、これから契約を作成していく場合には、この稼動データの利用条件について、どのように決定し、どのような契約を締結すればよいのでしょうか。

この点、データの特性として排他性がなく同時存在性があることから、データを製造業者Ａと工作機械の使用者Ｂの双方がデータを利用できることに着目します。データは、他人の利用によって自分の利用が妨げられることはありませんし、同時に利用することもできます。また、利用することでデータが減ることもありません。したがって、製造業者Ａと使用者Ｂのそれぞれに必要な範囲での利用条件での利用を認めることでお互

いに納得のいく結論が出せる可能性があります。

ですから、「稼動データが誰のものか」を争うよりも、どのように利用条件を定めるかについてお互いが納得できるような合意をすることが望ましいと考えられます。

そのような合意に達するには、お互いにメリットのある仕組みを作ったり、データを提供したくなるインセンティブを付与することが重要となります。一方当事者が、他方当事者から、メリットをまったく還元せずに一方的にデータを収奪するようなことをすれば、いずれ相手方当事者は取引をやめたり、他社に乗り換えるため、ビジネスとして長続きしない可能性もあります。

そのため、データの利用条件については、後述する通り、各当事者のデータ創出についての寄与度や利用の必要性を考慮して決定することが合理的であると考えられます。

なお、工作機械の使用者B_1は、ライバルの使用者B_2に自分の機械の稼働状況を知られたくないということがあるかもしれません。そのような場合には、契約によって、製造業者Aに対して自分の稼動データの秘密保持義務を課し、第三者への開示を禁止することで、ある程度は対応することができます。さらに、この稼動データが不正競争防止法上の営業秘密に該当するようにすれば、使用者B_1は、製造業者Aから使用者B_2への稼動データの使用や漏えいに対して、それが不正競争行為に該当することを理由に、製造業者Aや使用者B_2に対する損害賠償や差止めをすることも可能となります（9条の解説参照）。

(B) 本モデル契約の規定

以上のように、本モデル契約では、対象データのデータ・オーナシップがどちらに属するか、という対象データの帰属先を決めて、その後に利用条件を決定するという形をとっていません。本モデル契約が示す通り、データの帰属先を決めなくてもデータの利用条件を定めることは可能です。

(2) 対象データの利用条件の設定（1項）

(A) 利用条件設定の考慮要素

4条では、対象データの利用について、データ創出型の場合には、甲と乙のそれぞれに一定の利用条件を定めるという形で、対象データごとに、

①利用目的、②加工の可否、③第三者提供(譲渡または利用許諾)の可否について別紙1で定めることとしています。

　この利用条件の設定については、契約である以上、当事者の意思によって自由に定めることが可能であり、決まったルールはありませんが、当事者の納得感という観点から、一般的には以下の要素を考慮することになると考えられます。

　ⅰ　データの性質
　ⅱ　データの創出に対する各当事者の寄与度
　ⅲ　データの利用により当事者が受けるリスク
　ⅳ　データ取引に関して支払われる金額
　ⅴ　データ利用の必要性

　上記ⅱの寄与度の考慮要素としては、ⓐコスト負担、ⓑセンサの所有権、ⓒセンサの設置方法の策定者、ⓓデータの継続的創出のためのモニタリングの主体、ⓔデータの取得方法・収集方法のスキーム作成に対する貢献が挙げられます[注2]。

　一般論としていえば、データ創出についての寄与度が大きいなどの理由により、上記ⅰからⅳの要素がどちらか一方当事者にある場合には、その当事者にデータの利用条件を決定させ、他方で、ⅰからⅳの要素がどちらか一方当事者にあるとはいえない場合、特に、双方にそれなりの寄与度が認められる場合には、データの利用条件は双方の協議によって決定し、双方がデータ利用の便益を享受できるようにすることが、当事者の納得感が高く、また合理的であると考えられます。

　本モデル契約では、4条3項によって、別紙1において特定したデータについては、別紙1に記載した利用条件の範囲外の利用・処分は禁止されることとしています。

　なお、甲が乙にデータを提供するデータ提供型契約の場合には、データ受領者である乙の利用条件について定めれば足り、甲の利用条件については定める必要はないと一般的には考えられますので、【①データ提供型】の条項では甲の利用条件について規定していませんが、規定する必要が生

注2) データ契約ガイドライン56頁参照。

じた場合には【②データ創出型】と同様の条項を設けることになります。

(B) **利用条件の内容**

対象データの利用条件については、本モデル契約では、別紙で定めるものとしています。別紙では、例示として、①利用目的、②第三者提供（譲渡または利用許諾の可否）の可否・内容、③加工の可否・内容を挙げています。必要に応じて、知的財産権や著作権の帰属や利用条件を定めることも考えられます。

また、上記以外にも、④対象データの利用の独占・非独占、⑤アクセス方法等の利用態様、⑥利用期間を定めることも考えられます注3)。

①利用目的については、無体物であるデータについては、一般的に利用目的を定めることが必要な場合が多いといえます。

なぜなら、有体物の場合には物理的な制約から自ずと利用目的は限定されており、利用目的をわざわざ定める必要性が低いことが多いですが、物理的制約のないデータについては、利用範囲が非常に広いため、当事者が予測しない利用方法で利用させることもあり得るからです。例えば、自動車という有体物は人間や貨物の移動に使うことを目的としていますが、空を飛ぶとか食べるという利用はできません。これに対し、自動車の位置情報のデータは、ルート案内や渋滞分析といった目的以外にも、マーケティングの分析にも利用することが可能であり、データ提供者からしてみれば、「こんなことに使われるとは思ってもいなかった」という使い方が可能です。そのようなサプライズがないようにするためには、利用目的を定めることが必要となります。もちろん、当事者が自由に使いたいということであれば、あえて利用目的による制約を加えないことも考えられます。

なお、利用目的による利用制限をしていたとしても、後に、当初想定していなかった利用目的を追加したい場合には、当事者が合意すれば、その利用目的を追加することが可能です。

②第三者提供については、データの提供先がさらに第三者に対象データを提供することについて、当事者が認めるか否かということについて定め

注3) このような、対象データの利用条件の定めは、知的財産のライセンス条件と類似している部分があり、参考にできる部分がある。

ます。そして、提供先からの第三者提供を認める場合には、その利用条件やデータ提供者が受け取る利益について定めることが考えられます。

③加工についても、そもそも認めるのか否か、認める場合にはどのような加工を認めるのかを定めることになります。データ提供者は、データ受領者が一定の加工をすること自体については認めることが多いと考えられます。加工を認める場合には、どのような加工を認めるかが問題となります。例えば、加工の内容として、統計データの作成だけを認めるのか、他のデータと統合して新たなデータセットを作成することを認めるのかでは、データの取扱いについても差が出てくると考えられます。

(3) 第三者提供の可否（1項－別紙1）

別紙1において対象データの第三者提供の可否を設定するものとされていますが、第三者提供の可否については、特に営業秘密やノウハウの保護の観点から、以下の要素を考慮することが考えられます。

① データの性質（営業秘密、ノウハウを推測可能なものか、個人のプライバシー権を侵害するものではないか等）
② 営業秘密、ノウハウ流出等を防止するためにとられている方法（工場を特定する情報を削除する、同種の機器全体の統計情報として処理する等）
③ 提供先の第三者が競業者であるか否か
④ 提供先の第三者の利用に関してどのような制限を課すか（ただし、実行性を確保できるかについて慎重な判断が必要である）
⑤ 対価の額、分配方法

当事者が対象データを独占的に利用し、他の者に利用させたくない場合には、第三者提供の禁止を定めることになります。

もっとも、第三者提供は原則として認めないものの、親会社や子会社などのグループ会社については共有できるという取扱いにすることも考えられます。その場合には、グループ会社ではなくなった場合（例えば、子会社株式の売却により子会社でなくなった場合）にデータの廃棄・消去等の措置も併せて定めておく必要があります。

(4) 独占禁止法上の留意点（1項）

利用条件の設定に当たって、例えば、製造販売業などのサプライチェーンにおいて優越的な地位にある事業者が、その地位を利用して、下請業者から一方的に製造機器等のデータを取得したり、一方的なデータの利用条件を定めたりすることは、独占禁止法上の優越的地位の濫用（独禁2条9項5号）に該当する可能性がある点には注意が必要です。また、下請法上不当な経済上の利益の提供要請（下請法4条2項3号）にも該当し得るのでこの点にも注意が必要です。

まず、優越的地位の濫用（独禁2条9号5号）については、公正取引委員会による「役務の委託取引における優越的地位の濫用に関する独占禁止法上の指針」[注4]は、次の考えを示しています。

① 役務の委託取引において、取引上優越した地位にある委託者が、受託者に対し、成果物が自己との委託取引の過程で得られたことまたは自己の費用負担により作成されたことを理由として、一方的に、これらの受託者の権利を自己に譲渡（許諾を含む）させたり、当該成果物、技術等を役務の委託取引の趣旨に反しない範囲で他の目的のために利用すること（二次利用）を制限したりする場合等には、不当に不利益を受託者に与えることとなりやすく、優越的地位の濫用として問題を生じやすい。

② しかし、このような場合に、成果物等に係る権利の譲渡または二次利用の制限に対する対価を別途支払ったり、当該対価を含む形で対価に係る交渉を行っていたりすると認められるときは、優越的地位の濫用の問題とはならない。

③ ただし、このような場合であっても、成果物等に係る権利の譲渡等に対する対価が不当に低い場合や成果物等に係る権利の譲渡等を事実上強制する場合等、受託者に対して不当に不利益を与える場合には、優越的地位の濫用として問題となる。

注4) 公正取引委員会「役務の委託取引における優越的地位の濫用に関する独占禁止法上の指針」http://www.jftc.go.jp/dk/guideline/unyoukijun/itakutorihiki.html（1998年3月17日。2011年6月23日改正）。

この指摘はデータ取引の文脈でなされたものではありませんが、この指摘に鑑みると、データ取引当事者間で取引上の依存関係等の優越的な地位を有している者が、他方当事者の生成した派生データに係る権利を無償または廉価で一方的に自己に譲渡等させる場合には、優越的地位の濫用の問題になり得る点には注意が必要です。

また、公正取引委員会競争政策研究センターの「業務提携に関する検討会報告書」(2019年7月10日)においては、業種横断的データ連携型業務提携に関する独占禁止法上の考え方が示されています。

同報告書の中では、データ共有等を通じた集積・解析・新データの創出に係る活動などについて触れており、基本的には「共同研究開発ガイドライン」の考え方が参考になるとしています。

同報告書は、データ共有等を通じた集積・解析・新データの創出に係る活動は、競争促進的な効果が期待されることから、直ちに独占禁止法上問題になるものではないとしています[注5]。

もっとも、以下の行為は、独占禁止法上問題となり得るものとして例示として挙げられています。

① 必要な範囲を超えたデータ共有等を通じた集積・解析・新データ創出の共同化
② 正常な競争手段の範囲を逸脱するような人為性を有する行為を伴うデータ収集を通じた市場支配力の形成
③ データ共有等を通じた集積・解析・新データ創出活動の参加制限
④ 共有・共同収集されたデータの一方的帰属・利用に関する制約
⑤ データ共有等を通じた共同行為(スピルオーバー問題)

上記のうち、データ取引契約で特に問題となるのは、上記④の共有・共同収集されたデータの一方的帰属・利用に関する制約です。

この報告書では、①一方当事者が他方当事者に対し、提携当事者間で共有・共同収集されたデータを一方的に帰属させたり、当該他方当事者が提供したデータをその業務提携以外の事業活動で利用することを合理的に必

注5) 公正取引委員会競争政策研究センター「業務提携に関する検討会報告書」(2019年7月10日)53頁。

要な範囲を超えて制限したりするなどの行為は、そのデータに希少性が認められ、一方当事者の技術または商品・サービス市場における有力な地位を強化することにつながる場合や、他方当事者のデータを活用した研究開発意欲等を損ない、新たな技術・製品の開発等を阻害する場合には、独占禁止法上問題となり得る（拘束条件付取引）としています。

また、ⅱこのような一方的帰属等が、その内容において提携当事者間で著しく均衡を失し、これによって当該他方当事者が不当に不利益を受けることとなる場合には、独占禁止法上問題となり得る（優越的地位の濫用等）としています[注6]。

したがって、契約の条項を定めるに当たっては、拘束条件付取引や優越的地位の濫用に当たるとして独占禁止法に違反しないように考慮する必要があります。

(5) 契約に明示されていない利用条件の取扱い（【②データ創出型】2項）

対象データの利用条件については、4条1項において別紙1で定めることとされていますが、①別紙に記載漏れがあった、②契約後に新たなデータが発生した、③契約締結当時に当事者が合意することができず先送りになったなどの事由により、別紙に記載されていないデータがあることも考えられます。

そのような場合、【①データ提供型】では甲に一切の利用条件の決定権限が帰属するものとされていることから特に問題となりませんが、【②データ創出型】では、誰にどのような利用条件を定めるかが問題となります。

この点、【②データ創出型】4条2項では、対象データのうち、別紙1に定めのないものに関して、当該対象データに係る一切の利用を行う利用条件を決定する権限について、①当事者のどちらか一方が有するものとするという規定と、②甲および乙が協議の上で定めるという規定を選択的に設けています。

上記①の条項では、別紙1に規定していないデータが生じた場合には、

注6）公正取引委員会競争政策研究センター「業務提携に関する検討会報告書」（2019年7月10日）55頁。

「データに係る一切の利用条件を決定する権限」を有している者が決定権をもつことになりますので、自らに有利な判断をすることができます[注7]。もっとも、そのような決定権者を決めることについて当事者が合意できないことも考えられます。そこで、上記②の条項では、甲と乙が協議の上で決めることとしていますが、その場合、協議がまとまるまで誰も利用することができないことになります。

上記①②の規定のどちらを選択するかは、上記の利用権限の考慮要素を考慮して決めることになるのが一般的と考えられます。

例えば、データ創出に当たって、甲の寄与度が大きく、乙の支払金額が大きくない場合には、甲がそのような権限をもつと規定する傾向になると考えられます。他方で、双方当事者が、将来、別紙に記載していないデータが生じることがないと判断するような場合には、問題が起こったときに協議すればよいということで協議条項を選択することが考えられます。

なお、利用条件を決定する権限の帰属については、前述した通り、データの帰属をめぐる不毛な議論につながりかねないため、そのような議論を避けるためあえて契約では触れないという選択も考えられるので、本モデル契約では選択的条項としています。

(6) 知的財産権の取扱い（【①データ提供型】3項、【②データ創出型】2項）

2項はデータについての利用条件の決定権限の帰属を定める規定ですが、データが著作権法で保護される場合は限定的であることから、著作権について明示的に規定する必要がないことも考えられるため、本モデル契約においては著作権の帰属に関する規定はオプション規定としています。

データに関する知的財産権としては、①データまたはデータベースについての知的財産権、②データの取得・創出方法についての知的財産権、③データの利用に基づいて創出される知的財産権が考えられます。

そして、上記①～③については知的財産権についての問題状況が異なっているため、分けて考えるのが適切と考えられます。

注7）本モデル契約では、「対象データに係る一切の利用条件を決定する権限」との表現を用い、「決定権限」に着目した規定にしているが、データ契約ガイドラインのモデル契約の規定のように「対象データを利用等する一切の権限」という文言を用いることも考えられる。

①データまたはデータベースについての知的財産権の問題としては、著作権が主に問題となります。②データの取得・創出方法についての知的財産権の問題としては、第三者が有している知的財産権を侵害してデータを取得・創出することが問題となり、主に特許権や実用新案権が問題となります。③データの利用に基づいて創出される知的財産権の問題としては、著作権、特許権、実用新案権といった知的財産権が問題となります。

そこで、本モデル契約では、①③に関する著作権については、4条・5条で規定し、③に関する特許権等については5条の解説中で条項案を提示しています。②については、特許等の非侵害の保証条項（8条2項）の規定により処理することとしています。

4条で、【①データ提供型】3項・【②データ創出型】2項で「著作権」の帰属についてのみについて規定し、「知的財産権」と規定していない理由は、著作権の問題とその他の特許権等の知的財産権を分けて考えるという発想に基づいています。

もっとも、【①データ提供型】3項・【②データ創出型】2項において「一切の利用条件を決定する権限」と規定すれば、著作権の帰属にかかわらずデータの利用に当たってはその規定に従う必要があり、著作権についての規定は必ずしも設ける必要がないことから、著作権に関する規定はオプション規定としています。

2項の括弧書内にある「著作権法27条及び28条の権利」とは、翻訳権、翻案権、二次的著作物の利用に関する原著作者の権利を意味します。2項の括弧書において「著作権法27条及び28条の権利を含む」と規定しているのは、著作権法では、「著作権を譲渡する契約において、第27条又は第28条に規定する権利が譲渡の目的として特掲されていないときは、これらの権利は、譲渡した者に留保されたものと推定する」との規定があることから（著作61条2項）、契約書に27条または28条の権利を明記することで、この推定規定の適用を回避するためです。

なお、念のための規定として、対象データの提供等によって、データ提供者が本モデル契約で規定した権利以外の知的財産権について譲渡、移転、利用許諾をしたものではないことを明確にするために以下の規定を設けることも考えられます（なお、以下の規定は甲のみが対象データを提供すること

を念頭に置いた規定となっている）。

> 甲及び乙は、本契約に別段の定めがある場合を除き、甲による対象データの提供等により、甲の知的財産権を譲渡、移転、利用許諾するものでないことを確認する。

(7) データの著作権の帰属（【①データ提供型】3項、【②データ創出型】2項）
(A) データ自体の著作物性

データそのものに関する知的財産権として主に問題となるのは著作権です。

その理由は、データは「表現」であるため表現を保護する著作権に馴染みやすいことに加え、特許権や実用新案権などは、出願して特許庁により特許査定を受け、登録されない限りは権利化されないのに対し、著作権は、そのような手続を経なくても無方式で発生するためです。

データが著作権法で保護されるためには、著作物であることが前提となるため、まず、データが著作物であるか否かを検討することになります。

著作物とは、「思想又は感情を創作的に表現したものであつて、文芸、学術、美術又は音楽の範囲に属するもの」とされています（著作権法2条1項1号・10条1項9号）。つまり、著作権が成立するには、①思想または感情（を内容とするものであること）、②創作性、③表現、④文芸、学術、美術または音楽の範囲に属するものであることが必要となります。

単なる事実を電子化したデータは、上記①または②の要件を満たさないものとして著作物にはなりません。

例えば、データが、センサーが収集した気温・湿度・気圧・回転数・振動・周波数など事実そのもののデータであれば、「思想又は感情」の表現ではなく、また「創作性」もないため、著作物に当たりません。

裁判例においても、例えば、京都大学博士論文事件[注8]では、裁判所は、「実験結果等のデータ自体は、事実又はアイディアであって、著作物ではない以上、そのようなデータを一般的な手法に基づき表現したのみのグラフは、多少の表現の幅はあり得るものであっても、なお、著作物としての

注8）知財高判平成17・5・25裁判所ウェブサイト。

創作性を有しないものと解すべきである」と判示し、事実を示すデータと、それを一般的な手法で表現したグラフについて、創作性がないものとして、著作物に当たらないとしています。

また、自動車部品データ事件[注9]では、自動車部品メーカー等の会社名、納入先のメーカー別の自動車部品の調達量・納入量、シェア割合等の調達状況や相互関係のデータをまとめたものについて、客観的な事実ないし事象そのものであり、思想または感情が表現されたものではないとして、著作物性を否定しています。

他方で、データが、人間が書いた文章・絵画・写真・音楽をデジタル化したデータであれば、人間の思想・感情を創作的に表現したものとして、上記①～④の要件を満たし、一般論としては、著作物である可能性があります。

(B) **データベース著作物**

データそのものが著作物でなくても、データの集合物（データセット）については、データベース著作物が成立する可能性はあります。著作権法は、「データベース[注10]でその情報の選択又は体系的な構成によつて創作性を有するものは、著作物として保護する」と規定しています（同法12条の2第1項）。

もっとも、データベース著作物として認められるためには、情報の選択または体系的な構成に創作性がなければなりません。この創作性について、情報の選択の創作性とは、情報の選別・決定にデータベース作成者の創作的判断があることであるとされ[注11]、体系的な構成における創作性とは、コンピュータによるデータ検索のための論理構造における創作性を意味するとされています[注12]。

注9) 名古屋地判平成12・10・18判タ1107号293頁。

注10) データベースについて、著作権法は、「論文、数値、図形その他の情報の集合物であつて、それらの情報を電子計算機を用いて検索することができるように体系的に構成したもの」と定義している（著作2条1項10号の3）。

注11) 半田正夫・松田政行編『著作権法コンメンタール(1)〔第2版〕』（勁草書房、2015）672頁〔小川憲久〕。

注12) 半田正夫・松田政行編『著作権法コンメンタール(1)〔第2版〕』（勁草書房、2015）676頁〔小川憲久〕。

データベースについて、創作性が認められるには、高度な知的作業が求められているわけではありませんが、誰もが考えるような一般的な体系で構成されたデータベースについては、創作性は認められません。例えば、顧客を50音順に並べた顧客名簿や、時系列順で並べただけの産業用データは、情報の選択や体系的構成に創作性がないものとして、データベース著作物としては認められません。

一般論として、データセットは、情報の選択や体系的構成が独自であると、使い勝手が悪くなるため、汎用性が求められます。そのような汎用性のあるデータセットは、データベース著作物として保護することが難しいといえるでしょう。

(C) 権利制限規定

仮に、データセットに著作物があるとしても、著作権法は一定の場合には、著作権者の許諾なくして著作物を利用することを認めています。このような規定を権利制限規定といいます。

著作権法にはさまざまな権利制限規定が定められていますが、例えば、著作権のあるデータセットをAIを学習させるために利用するような場合は、「情報解析……の用に供する場合」（著作30条の4第2号）に該当し、著作権侵害は原則として成立しないことになります[注13]。

(D) まとめ

以上の通り、データが著作権法で保護される場合は限定的です。特に、事実データについては著作物として認められる可能性が低いといえます。

5 派生データの利用条件

【①派生データの利用条件を詳細に定める場合】

> 第5条（派生データの利用条件）
> 1．対象データの加工により得られた派生データに係る利用条件は、対象データの種別に応じて、別紙2において定めるとおりとする。但し、派生データのうち別紙2に特段の定めがないものについては、［○が／両当事者で協議し別途合意した上で、］当該派生データの利用条件を定めるものとする。

注13）著作権法30条の4ただし書は、著作権者の利益を不当に害する場合には、権利制限規定が適用されないとしている。

> 2．甲及び乙は、前項により各当事者に認められた利用条件以外の態様で、派生データを利用等してはならないものとする。
> ［3．派生データに係る［知的財産権／著作権（著作権法27条及び28条の権利を含む。以下同じ。）］の帰属は、対象データの種別に応じて、別紙2において定めるとおりとする。［甲及び乙は、相手方当事者による派生データの利用について著作者人格権を行使しないものとする。］］

別紙2　派生データの利用条件［等］

	データ名	対象データ	対象期間	甲の利用条件	乙の利用条件
1	○○○	○○及び○○【別紙1を引用する等して特定する】	【○年○月○日～○年○月○日】の期間に取得されたもの	【利用目的】【第三者提供（譲渡又は利用許諾）の可否】【加工の可否】［【知的財産権／著作権】］	【利用目的】【第三者提供（譲渡又は利用許諾）の可否】【加工の可否】［【知的財産権／著作権】］
2	○○○				

【②一方当事者のみが利用できる場合】

> 第5条（派生データの利用条件）
> 1．派生データに関しては、当事者間で別途合意した場合を除き、乙のみが利用することができ、甲は何の権利を有しないものとする。
> 2．対象データおよび派生データの乙の利用に基づき生じた発明、考案、創作及び営業秘密等に関する知的財産権は、乙に帰属する。［甲及び乙は、相手方当事者による対象データの利用について著作者人格権を行使しないものとする。］

【③対象データに準じる場合】

> 第5条（派生データの利用条件）
> 派生データに対する利用条件は、加工の対象となった対象データに対する利用条件に準じるものとする。

(1) 派生データの利用条件

対象データを加工した派生データについても、対象データと同様に、契

約の定めがない限りは、原則として現にアクセスできる者が自由に利用することができることになります。したがって、この点についても契約で明確にしておくことが考えられます。

派生データとしては、元データから作成した統計データや、元データにアノテーションを付加することによって作成した教師データなどがあります。

派生データの利用条件については、対象データと同様に当事者の意思により自由に定めることが考えられますが、ビジネス上の要請や当事者の納得感等の観点から、以下の要素を考慮して決定することが考えられます。

① 元データ（対象データ）の性質
② 元データを取得・収集する際の出費・労力
③ 営業秘密性
④ 加工・分析・編集・統合等の程度・費用
⑤ 元データの全部または一部が復元可能なものとして派生データに含まれているか
⑥ 派生データ作成に必要なノウハウ・技術・労力・費用

なお、「派生データ」の定義において、知見・ノウハウ等を除外した場合（2条4号）には、本規定は除外した知見・ノウハウ等には適用されないこととなるため、その知見・ノウハウ等について利用条件を定めたいのであれば、例えば、「対象データ及びそれを解析又は分析して得られた知見又はノウハウ」の利用条件を別途定める必要があります。

5条の【①派生データの利用条件を詳細に定める場合】では、利用条件を派生データごとに別紙で定めることとしています。もっとも、必ずしもすべての派生データを列挙できない場合もあります。そこで、そのような場合に、どのように利用条件を決めるかが問題となりますが、これについても当事者一方に決定権を与える規定と、両当事者で協議する規定を選択的に設けています。

一般論としては、協議条項については、将来の紛争の種を残すことにもなりかねないため、安易に将来の協議・合意に委ねることは避けるべきですが、実務上の交渉では、派生データが生成されてみないと上記①から⑤の考慮要素すらもわからないということも少なくないため、協議条項も合

理的な選択肢となることもあり得ます。

　協議条項を設けた場合、合意ができない限り、いずれの当事者も派生データを利用できないことなるため、派生データを利用するために、お互いが譲歩して合意するインセンティブがあることも考えられます。

　【②一方当事者のみが利用できる場合】は、派生データについて、一方当事者のみが利用できる場合の条項です。例えば、【データ提供型】において、データを相手方に自由に加工させることを想定している場合には、このような規定を設けることが考えられます。

　【③対象データに準じる場合】は、対象データの種類が複数ある場合に、その種類ごとに4条で定めた利用条件と同じ利用条件を、その種類に対応した派生データについても与えるという規定です。

　派生データの利用条件については、以下を定めることが考えられます。
・利用目的（目的外利用の可否）
・第三者提供の可否（第三者提供する場合の条件）・内容
・加工の可否・内容
・データの利用の独占／非独占
・成果物・派生データのフィードバックの有無
・知的財産権の帰属
・利用態様（アクセス方法等）
・利用期間

(2) データの利用によって生じた特許権等の取扱い

　対象データを利用した結果、何らかの発明等がなされて特許権が生じることもあります。そのような場合、契約で規定していない場合には、特許権および特許を受ける権利は、原則に従って、発明者に帰属します。

　そこで、発明等がされることが想定される場合や、権利関係を明確にする観点から、特許権等に関する規定を設けることも考えられます。

　【①派生データの利用条件を詳細に定める場合】の1項は、派生データに係る知的財産権または著作権についても別紙2において定めることを選択的に提示しています。

　知的財産権について、より詳細に記載したいと考える場合には、【①派生データの利用条件を詳細に定める場合】3項の［知的財産権／著作権］

において、「著作権」を選択した上で、対象データおよび派生データに関する特許権等その他の知的財産権については下記の条項案を設けることが考えられます。

【A　発明者主義により帰属を定める場合】

> 第○条（特許権等）
> 1．対象データ及び派生データの利用に基づいて生じた発明、考案及び創作等に関する知的財産権（但し、著作権は除く。以下「特許権等」という。）は、発明、考案及び創作等をした者が属する当事者に帰属するものとする。
> 2．対象データ及び派生データの利用に基づいて、甲及び乙が共同で発明、考案及び創作等した特許権等については、甲及び乙の共有（持分は貢献度に応じて定める。）とする。この場合、甲及び乙は、共有にかかる特許権等につき、本契約に定めるところに従い、それぞれ相手方当事者の同意なしに、かつ、相手方当事者に対する対価の支払いの義務を負うことなく、自ら実施することができるものとする。
> 3．甲及び乙は、前項に基づき相手方当事者と共有する特許権等について、必要となる職務発明の取得手続（職務発明規定の整備等の職務発明制度の適切な運用、譲渡手続等）を履践するものとする。

　上記条項は、対象データおよび派生データの「利用に基づいて」単独で発明等した著作権を除く知的財産権（以下、「特許権等」という）については発明等した者に、共同して発明等に関する特許権等については甲および乙の共有としています。なお、共同して発明等に関する特許権等についても、甲または乙のいずれか一方に帰属させることも考えられます。

　著作権を上記条項の知的財産権の定義から除外しているのは、対象データに関する著作権については4条ですでに規定しているからです[注14]。なお、共有著作権の権利行使には全員の合意が必要とされていることから（著作65条2項）、他人への利用の許諾だけでなく、自らが利用することについても共有者全員の合意が必要となるため[注15]、可能な限り契約で明確にしておくことが望ましいといえます。

注14）派生データの著作権の利用条件は、【①派生データの利用条件を詳細に定める場合】には5条1項において別紙で定められ、【③対象データに準じる場合】には、5条によって4条で規定された対象データの著作権の利用条件の定めに準じるものとされている。

上記条項では、「利用に基づいて」という文言を用いていることから、対象データおよび派生データを利用した結果、生じた特許権等が本規定の対象となります^{注16)}。

　上記条項では、「対象データ及び派生データ」を利用した場合の特許権等についてまとめて規定していますが、「対象データ」と「派生データ」を分けて、それぞれのデータを利用して生じた場合の特許権等について規定することも考えられます。

　また、発明等がされることが想定されない場合には、発明等がなされた際に協議して権利関係を定めることも考えられます。問題を先送りにすることにはなりますが、可能性が低い事象について、契約締結段階で交渉に時間を費やす無駄を省くという観点から合理性がある場合もあります。その場合の条項は下記の通りとなります。

【B　協議により帰属を定める場合】

> 第○条（特許権等）
> 対象データ及び派生データの乙の利用に基づいて生じた発明、考案及び創作等に関する知的財産権（但し、著作権は除く。）の帰属については、甲及び乙の間において別途協議の上、決定するものとする。

　契約に特許権等に関する規定を設けない場合には、特許権等の権利関係について特許法等（発明者主義を採用）の定めに従って決めることを意味します。つまり、契約に協議条項を設けることは、権利関係を定めるに当たって特許法等（発明者主義を採用）の定めによらず、協議しなければ権利関係が定まらないことを意味しますので、このような規定を定める意味があります。

注15）共有著作権の持分は、他の共有者の同意がなければ、譲渡・質権設定をすることはできない（著作65条1項）。これらの同意は、正当な理由がない限り、他の共有者は合意を拒むことができないが（同条3項）、正当な理由について争われると決着に時間を要することになる。なお、共有著作権の差止請求と自己の持分に対する損害賠償請求については、各共有者が単独ですることができる（同法117条）。

注16）対象データ等に「基づいて」いるが、対象データ等を「利用等しない」で生じた知的財産権については、本条は適用されないことになるが、そのような知的財産権は想定しがたいように思われる。

(3) データの利用によって生じた知見およびノウハウ

　データを解析することによって、何らかの知見やノウハウが生じることがあります。むしろ、データを利用する目的は、このような知見やノウハウを取得するためであることが多いでしょう。データを解析することによって生じる知見としては、例えば、どの顧客に対してどのような広告を配信すれば購買行動につながるかという知見や、どのような兆候があれば機械が数日後に故障するかという知見などがあります。

　このような知見やノウハウについては、派生データとして派生データとして規律に服させるか、あるいは派生データから除外して（2条4号但書参照）、別の規律に服させるかについては、検討の余地があります。

　一般的感覚からすると、知見やノウハウは、データという形式をとっていないため、「データ」という用語からは乖離していることが多く、派生データとすることには違和感がありますが、どちらにするかは結局は定義の問題であるといえます。

　データの利用によって生じた知見やノウハウを派生データから除外して別の規律に服させる場合には、①何も規定しない、②契約書に明確に規定する、という選択肢が考えられます。

　何も規定しない場合には、原則として、かかる知見やノウハウについて、それに事実上アクセスできる者は自由に利用できます。ただし、12条の秘密保持義務が課される場合には、目的外利用や第三者への開示は制限されることになります。

　従来の実務では知見の利用については何も規定していないことが一般的でしたので、当事者が秘密保持条項に違反しない限り、基本的に自由に利用できるという選択も十分合理的なものとして考えられます。

　もっとも、データの利用によって生じた知見やノウハウの高度化に伴い、その利用について、より詳細な規定を設けたいという場合も考えられますので、その場合には、知見やノウハウについての利用条件を規定することになります。

　もっとも、データの利用によって生じた知見やノウハウにもさまざまなものがあります。例えば、データ解析によって「気温が上がればビールの売上げが伸びる」という知見を得たとしても、そのような知見は誰でも思

いつくような知見であり、保護すべき知見とはいえません。他方で、「オムツ売場の横にビールを並べると、ビールの売上げが伸びる」という知見を得たとすれば、データ解析によって得られた新たな知見であり、保護すべき知見となり得ます。保護をしたり利用条件を定める必要性が高いのは後者のような知見であり、すべての知見について契約で規定しようとすると、対象が不明確となったり、議論が拡散して合意することが困難となるおそれもあります。そのため、保護や利用条件の対象とするのは価値のある知見やノウハウに限定することが合理的な場合が多いように思われます。

価値のある知見やノウハウに限定して規定する場合には、「事業活動に有用な技術上又は営業上の情報」（不競2条6項参照）としたり、「甲及び乙が本項の利用条件の対象とすることを合意した知見及びノウハウ（情報）」とするなどの一定の限定をした上で、利用条件や知的財産権の帰属を定めることが考えられます。下記は前者の場合の条項例です。

第○条
1. 対象データ及び派生データを解析又は分析して得られた知見及びノウハウのうち［事業活動に有用な技術上又は営業上の情報］の利用条件については別紙○において定める通りとする。但し、別紙○に特段の定めがないものについては、［○が／両当事者で協議し別途合意した上で、］当該知見及びノウハウの利用条件を定めるものとする。
2. 甲及び乙は、前項により各当事者に認められた利用条件以外の態様で、当該知見及びノウハウを利用してはならないものとする。
［3. 当該知見及びノウハウに係る知的財産権の帰属は、別紙○において定めるとおりとする。］

なお、このような修正を加える場合には、2条4号但書により、派生データから除外する知見およびノウハウの範囲を修正する必要がある場合もあります。

6　第三者への提供等

第6条（第三者への提供等）
1. ［甲及び］乙は、第4条又は第5条による利用条件に基づき、対象データ及び派生データの全部又は一部を第三者に提供し又は当該第三者に利用

> をさせる場合(以下「第三者提供等」という。)には、あらかじめ相手方当事者に対して、第三者提供等の対象となるデータ及びその条件を書面により通知するものとする。なお、[甲及び]乙は、相手方当事者の事前の書面による承諾なく、第三者提供等を受けた第三者に対して、更に第三者提供等をする権限を与えることはできないものとする。
> 2．[甲及び]乙は、第三者提供等をする場合には、提供先となる第三者との間で、本契約において自らが負う秘密保持義務、データの管理・保管義務その他のデータの取扱いに関する義務と同等の義務を負わせる契約を締結しなければならないものとする。

(1) 第三者への開示・提供(1項)

6条は、対象データの受領者が、さらに第三者に対して対象データや派生データを提供する場合についての規定です。

このような対象データおよび派生データの第三者への開示・提供を認めるか否かについては、基本的には、第三者にデータを利用させることによって当事者が得られる利益と第三者がデータを利用することによって生じる当事者の不利益を比較衡量することによって決定することになると考えられます。具体的には、以下の要素を考慮することが考えられます[注17]。

① データの性質(営業秘密、ノウハウを推測可能な者か、個人のプライバシー権を侵害するものではないか等)
② 営業秘密、ノウハウ流出等を防止するためにとられている方法(工場を特定する情報を削除する、同種の機器全体の統計情報として処理する等)
③ 提供先の第三者が競業者であるか否か
④ 提供先の第三者の利用に対してどのような制限を課すか(ただし、実効性を確保できるかについては慎重な判断が必要である)
⑤ 対価の額、利益の分配方法

なお、第三者提供を受けた第三者が、さらに自由に第三者提供をすることができるとしてしまうと、提供範囲が際限なく広がってしまうため、本条項では第三者提供する場合には相手方の承諾を必要とすることを定めて

注17) データ契約ガイドライン57頁。

います。

(2) 第三者提供の手続（1項・2項）

　対象データおよび派生データについて第三者提供をすることを認める場合には、その手続を定めておく必要があります。特に、対象データおよび派生データを第三者に提供することによって得られた対価の一定割合を相手方に分配することを定めている場合には、どのようなデータが第三者に提供され、どのような対価を得ることになるのかを相手方が知っておく必要があります。また、提供された対象データおよび派生データを第三者に適切に扱わせる必要もあります。

　6条では、第三者提供をする対象データおよび派生データおよびその条件を相手方に通知すること（1項）、および第三者に秘密保持義務やデータの管理・保管義務を負わせることを定めています（2項）。

(3) 営業秘密・限定提供データ

　詳細は後述しますが、対象データおよび派生データを不正競争防止法における営業秘密や限定提供データとして保護するためには、営業秘密については秘密管理性等が、限定提供データについては限定提供性等の要件を満たすことが求められます。

　そのため、対象データおよび派生データについて、不正競争防止法における営業秘密や限定提供データとして保護することを想定している場合には、第三者提供をする際に、営業秘密や限定提供データの要件を満たすようにする必要があります。

　具体的には、営業秘密については提供先に秘密保持義務を課すことで秘密管理性の要件を満たし、限定提供データについては提供先に第三者提供の制限をすることで限定提供性の要件を満たすようにすることが考えられます。

7　対価・利益分配

【①無対価の場合】

第7条（対価・支払条件）
　甲［及び乙］は、対象データ及び派生データの利用条件を定めた対価として、相手方当事者に対して、譲渡費用、利用許諾に対する対価その他の対価

を請求する権利を有しないものとする。

【②従量課金の場合】

第7条（対価・支払条件）
1．乙は、対象データ及び派生データを利用する対価として、甲に対し、別紙に定める1単位あたり月額○円を支払うものとする。
2．甲は、毎月月末に乙が利用している単位数を集計し、その単位数に応じた利用許諾の対価を翌月○日までに乙に書面（電磁的方法を含む。以下同じ。）で通知する。
3．乙は、本契約期間中、第1項に定める金額に消費税額を加算した金額を、前項の通知を受領した日が属する月の末日までに甲が指定する銀行口座に振込送金の方法によって支払うものとする。なお、振込手数料は乙の負担とする。

【③固定料金の場合】

第7条（対価・支払条件）
1．乙は、対象データ及び派生データを利用する対価として、毎月月末までに月額○円（消費税別）を甲が指定する銀行口座に振込送金の方法によって支払うものとする。なお、振込手数料は乙の負担とする。
2．前項の対象データ及び派生データの利用の対価の計算は、月の初日から末日までを1月分として計算し、乙による対象データの利用可能な期間が月の一部であった場合、対価は利用した期間の日割り計算によるものとする。

【④売上分配の場合】

第7条（対価・支払条件）
1．乙は、本契約の有効期間中、各計算期間（[4月1日～翌年3月31日]とする。）における○によって生じた売上金額その他甲の指定する事項に関する報告書を作成し、当該計算期間終了後[15]日以内に甲に対して提出しなければならない。
2．乙は、○によって生じた売上金額の○％（消費税別）を、対象データ及び派生データを利用する対価として、第1項に定めた報告書を提出した日の翌月末日までに、甲が指定する銀行口座に振込送金の方法によって支

払うものとする。なお、振込手数料は乙の負担とする。
3．乙は、第1項にいう報告書に記載する事項に関しては適正な帳簿を作成し、これを本契約の有効期間中、保存・保管しなければならない。甲は、自ら又は代理人をして、本契約の有効期間中、合理的な事前の通知を行うことにより、相手方当事者の営業時間内において、乙が保管する当該帳簿の閲覧・謄写を行うことができる。
4．甲は、前項における帳簿の閲覧及び検査により知り得た乙の機密事項を第三者に開示・漏えいしてはならない。また、甲は、帳簿の閲覧及び検査により知り得た乙の機密事項を前項以外のいかなる目的・用途にも利用してはならない。

【⑤実用化した段階で対価を決定する場合】

第7条（対価・支払条件）
甲は、乙に対象データを提供するにあたり、乙が対象データ及び派生データを［本目的／○目的］で利用する限り、乙に対して対象データの利用に対する対価その他の対価を請求する権利を有しない。但し、乙が対象データを利用して［開発した製品の販売］を行う場合には、対象データの利用に対する対価について甲乙間で別途協議するものとする。

(1) データ取引の対価

　上記の条項は、データ提供の対価として金銭を支払う場合の規定であり、さまざまなバリエーションが考えられます。

　なお、データのやりとりにおいては、商品や製品の取引とは異なり、必ずしもその対価が金銭で支払われるとは限りません。データのやりとりにおいて金銭的対価が支払われない場合としては、①対価なしで提供する場合、②サービスの利用と引換えにデータを提供する場合、③データを提供する対価としてデータや分析結果を受領する場合があります。上記②③は、一見して無償でデータを提供しているよう見えますが、実はそうではなく、別の形で対価を支払っているということができます。

　上記②の典型例としては、機械のユーザが、メンテナンスサービスを受けるために機械の稼働状況のデータを機械メーカに継続的に提供することが挙げられます。

　上記③の典型例としては、共通ポイントカードなどにおける顧客購買履

歴の共有が挙げられます。この場合、共通ポイントカードのメンバー企業は、自らの顧客の購買履歴を提供するのと引換えに、他のメンバー企業の顧客購買履歴を受領する関係にあります。

このように、データ取引の対価は、必ずしも金銭である必要はなく、サービスやデータなどが用いられることも多いといえます。

(2) **対価・利益分配の算出方法**

データ提供の対価として金銭を支払うこともももちろんあります。対価・利益分配の算出方法については一般的なプラクティスや相場観が確立されておらず、また、個々の案件の対象データおよび派生データも異なることから、個別の案件において対価等を決定するのは容易ではないことも多いです。

データ取引の対価・利益分配については、①データ受領者にデータを提供することに対する対価や利益分配の問題と、②データ受領者が第三者にデータや派生データを提供することについてのデータ提供者への対価や利益分配の問題があり、両者は区別して考えることができます。

一般論として、データ取引の対価・利益分配の金額については、個別具体的な事案ごとに検討される必要があり、一般化することは困難です。

データの価値の評価の手法として、ⅰコストアプローチ、ⅱマーケットアプローチ、ⅲインカムアプローチが一応考えられます。

ⅰコストアプローチとは、データを取得するのに要した費用に基づいて算出する方法です。ⅱマーケットアプローチは、データをマーケットにおける取引価格等に基づいて評価する方法です。ⅲインカムアプローチは、データを将来の経済的価値を見積もることより評価する方法です[注18]。

もっとも、データについては、取得費用が必ずしもデータの価値を表しているものでないこと、データについては株式市場のように一般的な市場価格が示されるような取引市場は存在していないこと、データはその利用方法によって価値が大きく変わること、他のデータと統合することによって大きな価値が生じることもあり、将来の経済的価値を見積もることが容易ではないことなどから、上記ⅰからⅲのいずれのアプローチも、データ

注18) 知的財産戦略本部　検証・評価・企画委員会　知財のビジネス価値評価検討タスクフォース「知財のビジネス価値評価検討タスクフォース報告書」(2018 年 5 月)。

の価値評価として確立した手法であるとはいえません。

そのような中で、何らかの方法でデータ取引の対価・利益分配を定めるとすれば、一般論としては、ⓐデータの種類、ⓑデータの利用範囲（地理的制限を含む）、ⓒデータが生み出す価値、ⓓ派生データの利用条件、ⓔ創出された知的財産権等の権利関係、ⓕ損害が発生した場合の責任分担、ⓖライセンスフィーやロイヤルティの設定、ⓗデータ創出や管理に要する費用分担等を考慮して定めることが考えられます[注19]。

(3) 対価・利益分配の支払方法

対価・利益分配の支払方法については、当事者の一方がすでに対象データを保有している場合や、一方だけが対象データの取得が可能な場合には、固定料金や従量課金（提供するデータ量に応じた課金）とすることも考えられます。本モデル契約では、①無対価、②従量課金、③固定料金、④売上分配方式、⑤実用化した段階で対価を決定する方式の条項を提示しています。

売上分配の場合には、知的財産権のライセンスにおけるロイヤルティと同様に、一定割合の基準となる売上金額を正確に把握する必要があるため、7条3項以下では、分配額の計算の報告、帳簿の作成・保存義務や、閲覧・謄写を行う権利を定めています。

実用化した段階で対価を決定する方式においては、例えば、研究開発目的の利用の段階では無対価とし、その研究開発の結果、製品化がされた場合には、対価について協議するという規定です。この場合、契約の中に対価の計算の基準となる事項（例えば、製品の売上げに対する割合等）を規定しておくことも、協議の際の一定の指針として有益であると考えられます。

8　データ等に係る保証

第8条（対象データ等に係る保証）
1. 甲［及び乙］は、相手方当事者に対して、本契約に基づき相手方当事者が利用する対象データ（以下「相手方利用データ」という。）の正確性、完全性（対象データに瑕疵又はバグが含まれていないことを含む。）、安全

注19) データ契約ガイドライン22頁。

性(相手方利用データがウィルスに感染していないことを含む。)及び有効性(相手方利用データの本目的への適合性を含む。)を[保証する/知る限り保証する/知りうる限り保証する/確保するように努める/保証しない]。
[2.甲[及び乙]は、相手方当事者に対して、対象データについて[瑕疵担保責任/契約不適合責任]を負わない。]
[3.甲[及び乙]は、対象データが、適法な方法によって取得され、相手方当事者に対し提供することが法令及び契約に反しないことを[保証する/知る限り保証する/知りうる限り保証する/保証しない]。]
[4.甲[及び乙]は、相手方当事者に対して、対象データが必ず創出させることを保証するものではない。]
5.甲[及び乙]は、相手方当事者に対して、第三者の知的財産権を侵害しないことを[保証する/知る限り保証する/知りうる限り保証する/保証しない]。
6.甲[及び乙]は、相手方利用データに第三者の知的財産権の対象となるデータが含まれる場合その他の相手方当事者の利用について制限があり得ることが判明した場合には、速やかに相手方当事者と協議の上、協力して当該第三者からの利用許諾の取得又は当該データを除去する措置その他の相手方当事者が利用することができるために必要な措置を講じるよう努力するものとする。
7.本契約の他の規定にかかわらず、甲[及び乙]は、以下のいずれかの事由を原因として、相手方当事者に損害を被らせた場合には、当該損害を賠償する責任を負うものとする。
　(1)　対象データの全部又は一部を改ざんして、相手方当事者に利用させた場合
　(2)　自らが取得し相手方当事者に提供した相手方利用データの正確性、完全性、安全性、有効性のいずれかに問題があること、又は、当該相手方利用データが第三者の知的財産権その他の権利を侵害していることを、故意若しくは重大な過失により告げずに相手方当事者に利用させた場合

(1) データの品質に関する責任

　データが、その正確性・完全性・有効性・安全性などについて当事者が合意していた品質を満たしていない場合に、そのようなデータを提供した者が、データ受領者に対して、いかなる責任を負うかが問題となります。そのようなデータを提供した者に対しては、契約に基づく債務不履行責任と、不法行為に基づく責任を追及することが考えられます。

(A) 債務不履行責任

債務不履行責任については、契約において、データ提供者がデータの正確性・完全性・有効性・安全性を保証している場合には、そのような合意をしている以上、それに反するデータを提供したデータ提供者は、債務不履行責任を負うことになります。その場合、データ受領者は債務不履行があった場合には契約の解除や損害賠償請求をすることができます。

他方で、そのような合意をしていない場合には、合意がない以上、原則として、データ提供者は、データの正確性・完全性・有効性・安全性について当然に債務不履行責任を負うものではありません。

もっとも、契約において明示的な合意がなくても、データ提供者が、契約上の黙示の合意や、信義則違反といった法的構成により、債務不履行責任を負う可能性は否定できません。ただし、そのような責任が認められるか否かは、個別事情に応じてケースバイケースで判断されることになります。

(B) 瑕疵担保責任

データの提供が有償で行われる場合には、データの品質に「隠れた瑕疵」があれば、民法上の瑕疵担保責任（民559条・570条以下）の適用があります。民法570条の瑕疵担保責任を定めた規定は売買された目的物についての規定ですが、データの提供は、必ずしも売買とはいえませんが、民法559条が売買以外の有償契約についても準用していることから、上記のように解されています。

瑕疵担保責任とは、給付された目的物について権利関係または目的物そのものに隠れた瑕疵があるとき給付者が負うことになる責任です。「隠れた瑕疵」とは、買主が取引上において一般的に要求される程度の通常の注意を払っても知り得ない瑕疵を指し、買主は瑕疵につき善意・無過失であることが必要です。瑕疵担保責任がある場合には、給付を受けた者は、契約の解除や損害賠償請求をすることができます。

したがって、データの品質が「隠れた瑕疵」と評価できるのであれば、データ提供者は瑕疵担保責任を負うことになります。

もっとも、瑕疵担保責任は任意規定ですので、契約において瑕疵担保責任を負わないことを明確にした場合には、この責任を負うことはありませ

ん（8 条 2 項参照）。「瑕疵」には正確性、完全性、安全性、有効性に関連するものもありますので、瑕疵担保責任を負わない旨の規定を設けた場合には、1 項との整合性について留意が必要です。

なお、民法の一部を改正する法律（平成 29 年法律第 44 号）により、現行法の瑕疵担保責任は契約不適合責任に統合されますので、改正法の下では、隠れた瑕疵があった場合には、債務不履行として損害賠償請求が行われることになります。改正民法では、引き渡された目的物が品質に関して契約の内容に適合しないものであるときは、買主は、売主に対して、履行の追完を請求することができ（改正民法 562 条 1 項）、催告期間内に履行の追完が行われなければ、その不適合の程度に応じて代金の減額を請求することができます（同法 563 条 1 項）。また、これらの規定は損害賠償の請求または解除権の行使を妨げないものとされています（同法 564 条）。

(2) **データの正確性・完全性・安全性・有効性**

データの品質について将来的にトラブルになる可能性があるため、契約上、品質保証について規定しておくことが考えられます。

データの品質保証をするか否かについては、ケースバイケースですが、データの性質や、データ提供が有償か否か、データ提供型かデータ創出型か、データを何に利用するか等が判断要素となります。また、データについて提供者に保証を求めないほうが、データ提供がされやすい傾向にあります。他方で、データの品質が生命に影響を及ぼしたり多額のビジネス上の損失につながる可能性がある場合には、データ受領者としては品質保証を求める傾向にあります。

保証（非保証）条項では、主に、正確性、完全性、安全性、有効性について規定されます。ここにいうデータの正確性、完全性、安全性、有効性とは、以下の意味を有するとされています[注20]。

正確性：時間軸がずれている、単位変換を誤っている、検査をクリアするためにデータが改ざんまたは捏造されているというような事実と異なるデータが含まれていないこと

完全性：データがすべて揃っていて欠損や不整合がないこと

注20) データ契約ガイドライン 30 頁。

安全性:データがウィルス等に感染していないこと
有効性:計画された通りの結果が達成できるだけの内容をデータが伴っていること

　なお、8条では、【データ提供型】の場合にはデータ提供者の甲のみが本条の責任を負い、【データ創出型】の場合には、甲および乙の双方が責任を負うとして規定していますが、データの創出・提供状況によっては修正することが考えられます。
　また、8条では、広く対象データ一般を対象としているのではなく、対象データのうち、相手方当事者に対して、本契約に基づき相手方当事者が利用するデータのみを保証の対象としています。これは、相手が利用するデータのみを保証の対象とすれば十分であるとの考えによるものです。逆に保証しない場合には、相手方当事者の利用の有無にかかわらず、広く対象データについて保証しないと規定することがデータ提供者にとっては有利となります。

(3) 保証の程度

　対象データの正確性、完全性、安全性、有効性を保証の有無と程度については、対象データの種類には、過去の実績データ・リアルタイムデータか、生データ・加工データ・分析データなどがあり、具体的に何をどの範囲で保証できるか(あるいは保証してもらう必要があるか)は、そのデータの種類や利用目的、データの取得方法、データの重要性によっても異なるので、個別に検討していくほかありません。
　8条では、相手方が本契約に基づき利用する対象データの正確性、完全性、安全性、有効性については以下の規定例を選択的に提示しています。
・保証する規定
・知る限り保証する規定
・知り得る限り保証する規定
・確保するように努める規定
・保証しない規定
　上から下に行くほどデータ提供者の保証責任は軽減されます。
　なお、努力義務であるからといって債務不履行責任が発生しないわけで

はなく、データの正確性、完全性、安全性、有効性等について疑義が生じている中で漫然と提供したように、提供するデータの品質を高めるための努力をしなかった場合には債務不履行責任が生じ得るとの指摘もなされています[注21]。

本モデル契約では、正確性、完全性、安全性、有効性の保証の仕方についてひとまとめに取り扱っていますが、これらについて個別にそれぞれ異なった保証文言を定めることも考えられます。例えば、安全性については保証するが、有効性については保証しないといった規定です。

(4) **適法な方法による取得（3項）**

3項では、「甲［及び乙］は、対象データが、適法な方法によって取得され、相手方当事者に対し提供することが法令及び契約に反しないことを表明し、［保証する／知る限り保証する／知り得る限り保証する／保証しない］」という条項をオプション条項として設けています。ここでの「契約」とは、データ提供者がデータを入手する際に、契約に基づいて入手している場合の契約を想定しており、具体的には秘密保持契約などが考えられます。

本条項は、データの取得と提供について包括的に適法性を保証していますが、これには、例えば、第三者の営業秘密や限定提供データなどを個人情報保護法に反して取得していないことが含まれています。第三者の知的財産権の非侵害は本条5項で、個人情報保護法等の遵守については10条2項で対応していることから、本条項を設けた場合には、この部分は重複することになります。

本条項は包括的規定であり、知的財産権法と個人情報保護法については他の規定でカバーされていることから、あえてそのような規定は設けないことも考えられますのでオプション規定としています。

(5) **データ創出責任（4項）**

データを継続的に創出することを想定している場合には、何らかの事情により創出できず、相手方にデータを提供できないことも考えられます。そのような場合を想定して、データ提供者が免責される等の規定を設けて

注21) データ契約ガイドライン110頁。

おくことも考えられます。

　また、場合により、データが機器等の不具合により消失することも考えられます。このような場合に、データ提供者にデータのバックアップ義務があるか否かが問題となります。通常は、契約書に特に定めない限り、データ提供者にバックアップ義務はないと考えられますが、そのことを明確にするために以下の規定を設けることが考えられます。

> 第○条（バックアップ）
> 甲は、甲が本契約に基づき乙に対して提供する対象データについては、乙が自らの責任でバックアップとして保存しておくものとし、甲は対象データの保管、保存、バックアップに関して、一切責任を負わない。

　なお、9条1項においても、バックアップについては簡単に言及されています。

(6) 免責特約の制限（7項）

　データを提供する側としては、データの正確性、完全性、有効性等について保証することは困難なことが多いものと考えられます。特に、データが大量かつ複雑になれば、そのような保証をすることはいっそう困難となり、データ受領者側がこれらの保証を求めれば、データ提供者がデータを提供しなくなることも考えられます。

　他方で、データ受領者側としては、データの正確性、完全性、有効性等が保証されているほうが、安心してデータ利用することができますし、データ提供者による保証がほしいと考えると思われます。

　また、偽装されたデータが提供される可能性も否定できません。現実にも、日本では大企業においてもデータ偽装の問題が継続して頻発しており、データが偽装される可能性をある程度想定しておく必要があります。

　データ偽装がなされた場合にも、データ受領者がデータ提供者に一切の責任を問えないというのも不合理ですので、データ保証の有無にかかわらず、7項においてデータ改ざんがなされたような場合については、データ受領者は責任を追及できる規定を設けています。

　また、免責特約は故意・重過失の場合には無効とされ得る[注22]ことに鑑みて、正確性等に問題があることを知りながら悪意・重過失で告げなかっ

9　データ等の管理体制

> 第9条（対象データ等の管理）
> 1．［甲及び］乙は、自らが保有する対象データ及び派生データを自らが保有する他のデータと明確に区別し、善良な管理者の注意をもって、適切な管理手段（セキュリティ及びバックアップを含む。）を用いて［秘密として／営業秘密として／限定提供データとして］管理・保管しなければならないものとする。
> 2．［甲及び］乙は、対象データ［及び派生データ］を利用条件の範囲内で、知る必要のある自己の役員・従業員に対してのみ開示するものとする。
> 3．［甲及び］乙が自ら保有する対象データ及び派生データの管理・保管費用については、［各自］の負担とする。
> 4．甲［及び乙］は、相手方当事者が保有する対象データ及び派生データの管理状況について、相手方当事者に対して、書面（メールその他の電磁的方法を含む。以下同じ。）による報告を［いつでも／合理的に必要な範囲で］求めることができる。当該報告に関して、甲［又は乙］は、相手方当事者において対象データ及び派生データの漏えい又は喪失のおそれがあると判断した場合には、相手方当事者に対して対象データ及び派生データの管理方法・保管方法の是正を求めることができる。
> 5．前項の報告又は是正の要求がなされた場合、相手方当事者は速やかにこれに応じなければならない。

(1)　データの漏えい・不正利用の防止方法

多くの企業は、データに営業秘密やノウハウ等が含まれている場合に、データを外部に提供すると、営業秘密やノウハウが社外に漏洩してしまうことを懸念しています。このような懸念をもつのは自然ともいえますが、そのような懸念がデータ流通の障壁になっているとの指摘もあります。そこで、データ取引においてデータの漏えい・不正利用を防止する手段をどのように確保するかが重要となります。

契約によってデータを保護する手段としては、下記が考えられます。

① 高セキュリティのサーバに保管することや、他のデータとの分別管

注22）民法572条類推適用。東京地判平成15・5・16判時1849号59頁参照。

理を義務付ける等、データの保管方法・管理方法について具体的に契約で定める方法
② データの管理状況について、データ提供者がデータ受領者に対して報告や立入検査を求めることができる旨の規定を設け、その報告の結果または立入検査の結果、データ受領者の提供データの管理状況に問題があれば、データ提供者は提供データの管理方法の是正等を求めることができる旨を規定する方法
③ データにアクセスできるデータ受領者の役員および従業員を制限した上で、当該役員および従業員に秘密保持に関する誓約書を提出させることをデータ受領者に契約上義務付ける方法

(2) 分別管理（1項）

対象データおよび派生データとその他のデータがコンタミネーション（混合）されてしまうと、対象データの管理が困難となったり、対象データの削除などが不可能となることが考えられます。そこで、そのような事態を防止するために、1項において、データ受領者は、対象データを他のデータと分別して管理をしなければならないことを定めています。

(3) 営業秘密・限定提供データ（1項）

自らが対象データおよび派生データを不正競争防止法上の営業秘密または限定提供データとすることを企図する場合には、相手方に対して、営業秘密または限定提供データとしての管理措置を講じることを求めることも考えられます。そこで、1項では、オプションとして、対象データを「営業秘密」または「限定提供データ」として管理・保管するという規定にしています。

なお、秘密として管理されている場合には不正競争防止法上の限定提供データには該当しないとされていることから（不競2条7項）、限定提供データとして管理することを意図している場合には、「営業秘密として管理・保管」との文言を規定することは避けるべきです。

営業秘密と限定提供データについては後で詳しく説明します。

(4) 対象データの開示範囲（2項）

対象データについて、相手方企業の属する者であれば誰もが利用してよいものではありません。そこで、本条項では対象データの開示範囲につい

て、「知る必要のある」自己の役員・従業員に対してのみ開示するものとしています。これは「need to know」とも呼ばれています。

これに加えて、親会社や子会社などのグループ会社や弁護士・公認会計士などの専門家には、同等の秘密保持契約を締結することや法令上の守秘義務を負うことを条件に開示することができるという取扱いにすることも考えられます。

グループ会社への開示を認める条項として以下が考えられます。

2．[甲及び]乙は、対象データ及び派生データを利用条件の範囲内で、知る必要のある自己の役員・従業員に対してのみ開示するものとする。但し、[甲及び]乙は、対象データを[[甲及び]乙の子会社]に開示及び利用許諾することができるものとする。その場合、[甲及び]乙は当該子会社に対して、本契約において[甲及び]乙に課されるすべての義務を課すものとし、その履行につき相手方当事者に対して一切の責任を負うものとする。

なお、派生データの中に対象データの痕跡が残っていないなど派生データの性質によっては、派生データを本規定の対象とする必要はない場合もあると考えられます。

(5) 保管・管理費用（3項）

対象データの保管・管理の方法についても、事案によってさまざまなパターンが考えられます。例えば、一方の当事者が有していた設備・システム等を利用してデータを収集する場合には、当該設備・システムの維持・運用の費用を一方当事者だけが負担することにもなりかねません。そのような場合には、利用条件の設定や対象データおよび派生データの利用に係る対価の支払等で調整されることが多いと思われますが、管理・保管の費用負担についても明示的に規定しておくことが望ましいといえます。3項では、当事者双方が自らの管理・保管費用を負担することとしています。

(6) 管理方法・保管方法についての報告（4項・5項）

本モデル契約では、継続的に相手方の管理方法・保管方法をチェックするため、4項・5項において、相手方に状況の報告を求め、必要に応じて是正要求をすることができる旨を定めています。

管理方法・保管方法を監査するため、相手方に対する立入検査権を認める規定も考えられます。その場合には、対象データおよび派生データにつ

いて、7条の【④売上分配の場合】3項・4項のような条項を設けることになります。もっとも、立入検査権については、契約書に規定を設けることや実際に機能させることが容易ではないので、そのような条項を設けることについては慎重に検討すべきと思われます。

(7) 不正競争防止法

対象データが、不正競争防止法の「営業秘密」（2条6項）や「限定提供データ」（同条7項）に当たる場合には、その不正取得・使用等に対して、損害賠償請求、差止請求等をすることができます。

通常、契約の効力は当事者間にしか及ばず、第三者に秘密情報が漏えいした場合に、その第三者に対して契約に基づいて損害賠償請求、差止請求等をすることができないのが原則です。しかし、営業秘密や限定提供データに当たれば、契約の当事者でないにもかかわらず、第三者に対して損害賠償請求、差止請求等をすることが可能となりますので、データの保護を強化することができます。

営業秘密や限定提供データに当たるか否かは、後述する通り、事実状態によりますので、契約で規定しただけで営業秘密や限定提供データになるわけではありません。しかし、契約書にそのことを明記することによって、裁判所が営業秘密や限定提供データであると判断するための材料となります。また、当事者の認識として、営業秘密や限定提供データであることを確認するという効果もあります。

したがって、データを営業秘密や限定提供データとして保護するために、契約書にどのように規定するかは重要です。特に、限定提供データという新しい概念が2018年改正不正競争防止法によって登場し、条文上、営業秘密と限定提供データは両立しないとされていることから[注23]、契約書のドラフトに当たっては注意が必要です。

注23) 不正競争防止法2条7項において、「限定提供データ」とは、「業として特定の者に提供する情報として……技術上又は営業上の情報（秘密として管理されているものを除く。）をいう」と定義され、「秘密として管理されているもの」が除外されているところ、営業秘密は、「秘密として管理されている」ことが要件となっていることから、両者は両立しないこととなる。

(A) 営業秘密

「営業秘密」を保有する者は、窃取・詐欺・脅迫等の不正の手段により「営業秘密」を取得する行為[注24]や、不正の手段により取得した営業秘密を使用または開示する行為等に対して、差止請求、損害賠償請求、信用回復措置請求をすることができます（不競3条・4条・14条）。また、特に違法性が高いと認められる行為について、営業秘密侵害罪として刑事罰の対象となります（同法21条1項・3項）。

「営業秘密」とは、「秘密として管理されている生産方法、販売方法その他の事業活動に有用な技術上又は営業上の情報であって、公然と知られていないもの」（不競2条6項）を意味します。そのため、営業秘密として取り扱われるためには、①秘密管理性、②有用性、③非公知性の3要件を満たすことが必要です。このうち②の「事業活動に有用な技術上又は営業上の情報」という要件は、少なくとも法的な保護を検討する必要のあるデータについては満たしているのが通常ですので、実務上は、①秘密管理性と③非公知性の要件が問題となります。

営業秘密については、その考え方を示すガイドラインとして、経済産業省から「営業秘密管理指針」（2003年1月30日〔最終改訂2019年1月23日〕）[注25]が公表されており、実務上の参考になります。

(i) 秘密管理性

秘密管理性の要件については、「営業秘密管理指針」は、秘密管理性が求められる理由として、企業が秘密として管理しようとする対象を明確にすることで、営業秘密に接した者が事後に不測の嫌疑を受けることを防止し、従業員等の予見可能性、ひいては経済活動の安定性を確保する必要があることを挙げています。そのため、秘密管理性の要件を満たすためには、企業がその情報を秘密であると単に主観的に認識しているだけでは不十分であり、企業が秘密管理措置をとることで、秘密として管理する意思を従業員等に対して明確に示し、従業員等が秘密として管理する意思を認識することできる必要があるとしています。したがって、秘密であることの明

注24）不正競争防止法2条1項4号で「営業秘密不正取得行為」と定義される。
注25）https://www.meti.go.jp/policy/economy/chizai/chiteki/guideline/h31ts.pdf

示がされていれば、アクセス制限が必ずしもされていなくても秘密管理性要件を満たすという解釈がされています[注26]。

一方、秘密管理性の要件について、裁判所サイドからは、①当該情報にアクセスした者に当該情報が秘密であることを認識できるようにしていること、②当該情報にアクセスできる者が制限されていることが必要であるという見解が示されています[注27]。もっとも、裁判所サイドの見解も、上記の要件は硬直的に捉えるべきではなく、過去の裁判例も、情報の性質、保有形態、情報を保有する企業等の規模等の諸般の事情を総合考慮し、合理性のある秘密管理措置が実施されていたか否かという観点から判断されてきたとされています[注28]。

(ii) 非公知性

非公知性（公然と知られていない状態）とは、営業秘密が一般的に知られていない状態、または容易に知ることができない状態を意味します。具体的には、その情報が合理的な努力の範囲内で入手可能な刊行物に記載されていないなど、保持者の管理下以外では一般的に入手できない状態のことです。なお、秘密管理性の要件と非公知性の要件は、秘密として管理することで非公知性が保たれるという関係があるので、相互に密接に関連しているといえます。

(iii) 対象となる行為類型

営業秘密について不正競争行為とされるのは、以下の行為となります（不競2条1項4号-10号）。

① 不正取得類型

　権原のない外部者が、窃取・詐欺・脅迫等の不正の手段により営業秘密を取得、使用、開示（第三者提供）する行為

注26) 奥邨弘司「人工知能における学習成果の営業秘密としての保護」外川英明ほか編『土肥一史先生古稀記念・知的財産法のモルゲンロート』（中央経済社、2017）218頁。

注27) 髙部眞規子編『著作権・商標・不競法関係訴訟の実務〔第2版〕』（商事法務、2018）（以下、「髙部・実務」という）492頁。東京地判平成12・9・28判タ1079号289頁。

注28) 髙部・実務492頁。

② 信義則違反類型

営業秘密を正当に取得した者が、不正の利益を得る目的または営業秘密保有者に損害を加える目的（図利加害目的）で、営業秘密を使用、開示する行為

③ 転得類型（取得時悪意重過失型）

取得時に営業秘密について不正行為が介在したことを知って、または知らないことに重過失がある者が、当該不正行為にかかる営業秘密を取得、使用、開示する行為

④ 転得類型（事後的悪意重過失型）

取得時に営業秘密について不正行為が介在したことを知らずに取得した者が、その後、不正行為の介在を知って、または知らないことに重過失があって、取得した営業秘密を使用、開示する行為

⑤ 不正使用行為生成物の譲渡等

上記①～④の行為のうち、技術上の秘密[注29]を使用する行為によって生じた物を譲渡、引渡、展示、輸出、輸入、電気通信回線を通じて提供する行為。ただし、その譲り受けた時に当該物が不正使用行為により生じた物であることを知らず、かつ、知らないことにつき重大な過失がない者が譲渡等する行為については除外されます。

(B) 限定提供データ

第三者と共有するデータについては、秘密管理性や非公知性を満たさないために、営業秘密として保護されない場合も考えられます。例えば、商品として広く会員にデータが提供される場合や、秘密保持義務のない緩やかな規約に基づきコンソーシアム内でデータが共有される場合には、秘密管理性や非公知性が失われ、営業秘密として保護されません[注30]。

そのため、データ保有者が、データを広く共有することに消極的になり、データの流通や利活用が十分になされない要因となっているとの指摘がされていました。

そこで、不正競争防止法の2018年改正法により、価値あるデータのう

注29）営業上の秘密の使用は含まれない。

注30）産業構造審議会知的財産分科会不正競争防止小委員会「データ利活用に向けた検討中間報告（案）」（2017年11月）5頁。

ち、ID・パスワード等の管理を施した上で事業として提供されるデータについて、悪質性の高い不正取得・使用等を不正競争行為と位置付けることにより、これに対する差止請求権等の民事上の救済措置を設けることとなりました。なお、限定提供データについては、不正競争行為に対して刑事罰は設けられていません。

　この「限定提供データ」という概念は、2018年改正法によって初めて導入されました。「『限定提供データ』とは、業として特定の者に提供する情報として電磁的方法（電子的方法、磁気的方法その他人の知覚によっては認識することができない方法をいう。次項において同じ。）により相当量蓄積され、及び管理されている技術上又は営業上の情報（秘密として管理されているものを除く。）をいう」と定義されています（不競2条7項）。

　したがって、「限定提供データ」として不正競争防止法上の保護を受けるためには、①限定提供性、②電磁的方法による管理性、③相当量蓄積性、④技術上または営業上の情報（ただし、秘密として管理されているものを除く）を満たすことが必要となります。

　なお、限定提供データについては、その考え方を示すガイドラインとして、経済産業省から「限定提供データに関する指針」（2019年1月23日）が公表されており[注31]、実務上の参考となります。

（i）限定提供性

　限定提供データの要件として、「業として特定の者に提供する情報」であることが挙げられています。すなわち、データ提供者が、特定の者に選択的に提供するデータである必要があります。例えば、事業者が、IDとパスワードが付与されている者に対してのみデータを提供することは、この限定提供性の要件を満たすこととなります。

　「業として」とは、データ保有者が、データを反復継続的に提供している場合をいいます。実際に提供していなくても、反復継続して提供する意思が認められる場合には「業として」に該当します。

　「特定の者」とは、一定の条件の下でデータ提供を受ける者のことをい

注31）https://www.meti.go.jp/policy/economy/chizai/chiteki/guideline/h31pd.pdf

います。多数の者であっても特定の者に選択的にデータを提供するのであれば、本要件を満たします。具体例として、会費を払えば誰でも提供を受けられるデータについて会費を払って提供を受けられる者でも該当します。

したがって、データを限定提供データとして保護したいのであれば、データの提供方法として、特定の者に対してのみ選択的にデータを提供しなければなりません。これは、契約の規定だけで決まるものではなく、データへのアクセスについての設計（アーキテクチャー）で決まることでもある点に注意が必要です。

(ii) 電磁的管理性

限定提供データは、電磁的方法に蓄積され、かつ管理されている必要があります。すなわち、データが電子的に蓄積され、かつ、パスワードなどによるデジタル的なアクセス制御手段によって管理されていることが要件となっています。通常、データは、デジタル化されてサーバなどに蓄積されているから、この点は問題とならないことが多いと考えられます。

(iii) 相当蓄積性

限定提供データは、「相当量」蓄積されていなければならず、一定の規模が必要とされています。どれくらいのデータ量であれば「相当量」といえるかについて、不正競争防止法は規定を設けていないため解釈に委ねられていますが、「相当量」とは、個々のデータの性質に応じて、データが電磁的方法により蓄積することによって生み出される付加価値、利活用の可能性、取引価格、収集・解析に当たって投じられた労力・時間・費用等が勘案されると考えられています。

(iv) 技術上または営業上の情報

一般論として、不正競争防止法による保護が問題となるようなデータは、技術上または営業上の情報に該当すると考えられます。

この要件で問題となるのが、定義に「秘密として管理されているものを除く」と規定されている点です。その結果、秘密として管理されているデータは、限定提供データとしては保護されないことになります。このような除外規定が設けられたのは、営業秘密との重複を避けるためとされています。

そのため、例えば、1項において、対象データについて「(営業) 秘密

として管理する」との文言を入れた場合には、裁判所は、限定提供データの要件を満たさないと判断する可能性が高まります。もし、対象データを限定提供データとして取り扱うことが適切であり、当事者も限定提供データとして保護することを意図していた場合には、対象データを「(営業)秘密として管理する」という文言は適切ではないことになります。

したがって、1項の文言のドラフトするに当たっては、上記を十分に考慮する必要があります。

　(v)　無償で公衆に利用可能となっていないこと

相手を特定・限定せずに無償で広く提供されているデータについては、そのデータの自由な利用を推進するという観点から、そのデータと同一の限定提供データを取得・使用・開示する行為は、不正競争防止法の差止請求・損害賠償請求等の適用が除外されています（不競19条1項8号ロ）。

したがって、このようなデータを不正競争防止法で保護することはできません。

　(vi)　対象となる行為類型

限定提供データについて不正競争行為とされるのは、以下の行為です（不競2条1項11号-16号）。

① 　不正取得類型

権原のない外部者が、窃取・詐欺・脅迫等の不正の手段により限定提供データを取得、使用、開示（第三者提供）する行為

② 　著しい信義則違反類型

限定提供データを正当に取得した者が、不正の利益を得る目的またはデータ提供者に損害を加える目的で、限定提供データを、横領・背任に相当するような態様で使用する行為、または開示する行為

③ 　転得類型（取得時悪意型）

取得時に限定提供データについて不正行為が介在したことを知っている者が、当該不正行為にかかる限定提供データを取得、使用、開示する行為。なお、「営業秘密」とは異なり、入手経路への注意義務が転得者に課されないよう、重過失の者は対象外となっています。

④ 　転得類型（事後的悪意型）

取得時に限定提供データについて不正行為が介在したことを知らずに

取得した者が、その後、不正行為の介在を知った場合に、データ提供者との契約の範囲を超えて、限定提供データを開示する行為

10　個人情報の取扱い

> 第10条（個人情報の取扱い）
> 1．甲［及び乙］は、相手方当事者に提供する対象データ及び派生データに個人情報の保護に関する法律（以下「個人情報保護法」という。）に定める個人情報又は匿名加工情報（以下「個人情報等」という。）が含まれる場合には、相手方当事者に対して、あらかじめその旨を明示しなければならない。
> 2．甲及び乙は、対象データ及び派生データの生成、取得及び提供等に際して、個人情報保護法に定められている手続を履践していることを保証する。
> 3．甲及び乙は、自らが取得する対象データ及び派生データに個人情報等が含まれる場合には、個人情報保護法を遵守し、個人情報等の管理に必要な措置を講じるものとする。
> ［4．甲［及び乙］は、個人情報等によって識別される特定の個人から個人情報等を含んだ提供データ及び派生データの相手方当事者への提供に関して同意の撤回や異議の申し出があった場合には、相手方当事者に通知するものとし、甲乙間で速やかに対応を協議、実施するものとする。］
> ［5．［甲及び］乙は、自らの役員又は従業員の中から個人情報の機密保護を確保するのにふさわしい管理者を定め、相手方当事者に通知しなければならない。なお、管理者に追加又は変更があった場合には、速やかに相手方当事者に通知しなければならない。］

(1)　個人情報保護の取扱い

対象データおよび派生データに個人情報保護法上の個人情報が含まれる場合には、同法が定める個人情報等の取得時の通知・公表、安全管理措置、第三者提供の制限等を遵守する必要があります。

なお、対象データおよび派生データに個人情報が含まれないことが明らかな場合には10条を削除することも考えられます。

他方で、個人情報等の取扱いが重要な案件では、個人情報保護に関する規定を詳しく設けたり、別途「個人情報の利用に関する覚書」などを締結することも考えられます。本条項は国内を想定した規定ですが、外国法の適用を受ける個人情報が含まれている場合には、上記に「関係各国の法令

が適用される個人情報等」を追記することが考えられます。

(2) 個人情報保護法の概略

本モデル契約においては、個人情報に関する規定は極めてシンプルですが、個人情報などのパーソナルデータについてはその取得や第三者提供については、個人情報保護法を遵守する必要があるだけではなく、倫理的問題や、いわゆる「炎上リスク」といった社会的な批判や情報漏えい防止などのセキュリティ対策についても考慮する必要があるなど、提供するに至るまでにはさまざまな要素について多面的な分析・検討を要します。

日本におけるパーソナルデータの保護は、主に個人情報保護法とプライバシー法理があります。また、各省庁が公表している各種ガイドラインについても考慮する必要があります。

個人情報保護法は、2003年に制定されましたが、ICT（情報通信技術）の発展に伴い2015年に大幅に改正され、2017年5月30日に全面的に施行されました。2015年改正個人情報保護法の全面施行により、個人情報保護法の権限は主務大臣から個人情報保護委員会に一本化され、それに伴いガイドラインについても基本的には一本化されましたが、事業分野の特性によって別途ガイドラインが設けられました。

また、個人情報保護法は、3年ごとの見直しをするものとされており、個人情報保護委員会から2019年4月に「個人情報保護法　いわゆる3年ごと見直しに係る検討の中間整理」が公表されており、利用停止権を設ける方向性などの検討結果が示されています。

個人情報保護法は、「個人情報取扱事業者」に適用されます。個人情報取扱事業者とは、個人情報データベース等を事業の用に供している者をいいます（個人情報2条5項）。「個人情報データベース等」とは、個人情報を含む情報の集合物であって、特定の個人を検索することができるように体系的に構成したものをいい、コンピュータを用いて検索するものだけでなく、紙媒体にインデックスを付したものも含まれます。

したがって、ほぼすべての民間事業者が「個人情報取扱事業者」に該当すると考えられます。

パーソナルデータは、住所・氏名や顔かたち／容貌といった身体的なもの、メールアドレス・電話番号・クレジットカード番号といった変更可能

なものまで、さまざまです。そこで、個人情報保護法は、パーソナルデータについて次の5つの類型を設けて、それぞれに応じた保護レベルを設定しています。
　①　個人情報（個人情報2条1項）
　②　個人データ（同条6項）
　③　保有個人データ（同条7項）
　④　要配慮個人情報
　⑤　匿名加工情報
　個人情報取扱事業者は、その取り扱う個人に関する情報（パーソナルデータ）の内容および利用方法等によって①「個人情報」、②「個人データ」、③「保有個人データ」という分類に応じて一定の義務を負うことになります。これらの情報の概念と対応する義務等の各規定との関係は【図表2-3】のようになっています。
　また、①「個人情報」のうちセンシティブ情報である④「要配慮個人情報」に該当するものは取得・提供等の制約が加重されます。①「個人情報」に該当しないよう加工された⑤「匿名加工情報」には、別途一定のルールが定められています。
　(A)　個人情報
　個人情報保護法では、「個人情報」とは、生存している個人に関する情報のうち、①特定の個人を識別することができるもの（他の情報と容易に照合することができ、それによって特定の個人を識別することができるものを含む）と、②個人識別符号が含まれるものを意味します。個人識別符号とは、マイナンバー（個人番号）、パスポートの旅券番号、運転免許証の番号などの個人の特定が容易な符号を意味します。
　「個人情報」とは、氏名と住所だけに限られず、携帯電話番号・購買履歴・位置情報といった情報も、他の情報と容易に照らし合わせることによって、特定の個人を識別できるものであれば「個人情報」となり得ます。
　「個人情報」については、事業者は、利用目的を特定して、利用目的内で取り扱う義務を負います。また、個人情報を取得をする場合には、利用目的を本人に通知または公表する義務を負います。
　個人情報保護法上は、上記の利用目的の通知や公表等を行っていれば、

【図表2-3】個人情報の分類および分類に応じた事業者の義務等

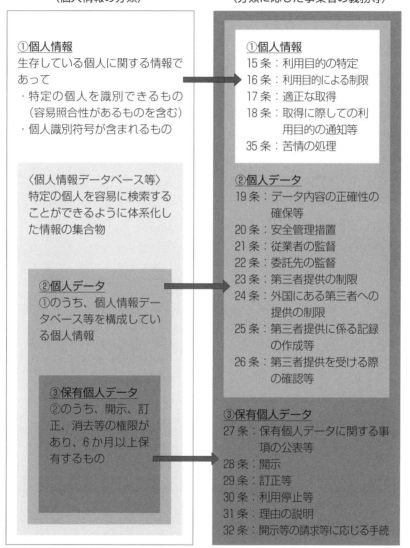

（注）条文は個人情報保護法を指す。

個人情報を取得すること自体については本人の同意は不要です。もっとも、本人の同意を得ない情報の取得が、本人のプライバシー権を侵害することになるのか否かについては別途検討が必要です。

(B) 個人データ

「個人データ」とは、「個人情報」のうちデータベース化されたものを意味します。データベース化された個人情報は、取扱いや流通が容易となって使い勝手がよくなりますが、その反面でプライバシー侵害や情報漏えいの危険性が増えるので、「個人データ」については、個人情報よりも重い義務が事業者に課されています。

すなわち、事業者は、個人情報についての義務（前記(A)）に加えて、①情報漏えいが生じないように安全に管理する義務や、②「個人データ」を第三者へ提供する場合には、原則として、あらかじめ本人の同意をとるか、または、「オプトアウト」という手続をとる義務を負います。

「オプトアウト」とは、事業者が、第三者に提供する個人データの項目や提供の方法等について、あらかじめ本人に通知するか、ウェブサイトや店頭に掲示するなどにより本人が容易に知ることができる状態に置いた上で、本人が個人データの第三者提供の停止を申し出た場合には、その個人データの第三者提供を停止するという手続のことです。

もっとも、国内企業への委託、事業承継、共同利用については、そもそも第三者への提供には該当しないと整理されており、本人同意やオプトアウト手続は不要です。

外国の第三者に提供する場合には、本人の同意を取得しなければならず、オプトアウト手続によることはできません。また、委託や共同利用についても原則として本人の同意の取得が必要です。

(C) 保有個人データ

「保有個人データ」とは、「個人データ」のうち、事業者が開示・訂正・追加・削除・利用停止・消去・第三者提供の停止といった権限を有するもので、6か月を超えて保有するものを意味します。

この保有個人データについては、事業者は、個人情報・個人データについての義務（前記(A)(B)）に加えて、本人からの請求があれば、保有個人データを開示・訂正・利用停止等をする義務を負います。なお、事業者は、

保有個人データの利用目的や、開示・訂正・利用停止等の手続について周知しなければなりません。

(D) **要配慮個人情報**

「要配慮個人情報」とは、個人情報のうち、いわゆるセンシティブ情報のことで、本人の人種、信条、社会的身分、病歴、犯罪の経歴、犯罪により害を被った事実など、本人に対する不当な差別・偏見などの不利益が生じないように取扱いに特に配慮を要するものを意味します。

要配慮個人情報は、センシティブ情報であることから慎重な取扱いが求められており、事業者は、要配慮個人情報を取得する場合には、原則として本人の同意が必要です。また、第三者への提供について、オプトアウト手続によることが認められず、原則としてあらかじめ本人の同意を取得する必要があります。

(E) **匿名加工情報**

「匿名加工情報」とは、特定の個人を識別できないように、個人情報を加工して、当該個人情報を復元できないようにしたものを意味します。

匿名加工情報は、特定の個人を識別できないように処理しているので、そもそも「個人情報」ではありません。したがって、事業者は、個人情報についての前記(A)～(D)に記載したさまざまな義務を負いません。具体的には、匿名加工情報については、事業者は通知・公表している利用目的以外の目的で利用できます。また、第三者に提供する場合に、本人の同意の取得や、オプトアウト手続の実施は求められません。そのため、匿名加工情報については、情報を分析したり、共有することが容易となります。

もっとも、匿名加工情報のうちデータベース化された匿名加工情報については、事業者は、次のような義務が課されています。

まず、データベース化された匿名加工情報を作成する者は、①適正に匿名加工情報を作成する義務、②加工の方法などに関する情報の漏えいを防ぐための安全管理措置をとる義務、③作成した匿名加工情報に含まれる情報の項目を公表する義務、④作成の元となった個人情報の本人を識別する行為をしない義務を負います。また、⑤作成した匿名加工情報の安全管理のための安全管理措置や苦情処理等の措置をとって、その措置を公表する努力義務を負います。

また、データベース化された匿名加工情報を取り扱う者は、ⓘ提供する匿名加工情報に含まれる情報の項目と提供の方法を公表する義務、ⓘⓘ提供先となる第三者に対して、提供する情報が匿名加工情報であることを明示する義務、ⓘⓘⓘ他人が作成した匿名加工情報の元となった個人情報の本人を識別する行為をしない義務を負います。また、ⓘⓥ作成した匿名加工情報の安全管理のための安全管理措置や苦情処理等の措置をとった上で、その措置を公表する努力義務を負います。

本モデル契約の 10 条 1 項で、匿名加工情報であることを相手方に明示する義務を定めているのは、匿名加工情報取扱者が、提供先となる第三者に対して、提供する情報が匿名加工情報であることを明示する義務（上記ⓘⓘ）を負っていることから規定したものです。仮に、1 項を削除したとしても、匿名加工情報取扱者は個人情報保護法によって明示義務を負うことになります。

11　データ等の漏えい時の対応および責任

第 11 条（対象データ等の漏えい時の対応及び責任）
1．［甲及び］乙は、自らに対象データ及び派生データの漏えい、喪失、利用条件に反した利用等その他の本契約に違反する対象データ及び派生データの取扱い（以下「本漏えい」という。）を発見した場合、又は、本漏えいが合理的に疑われる場合には、直ちに相手方当事者に対してその旨を通知しなければならない。
2．前項の場合には、当該通知をした［甲又は］乙は、自らの費用と責任において、直ちに本漏えいの事実の有無を確認するための調査をしなければならない。当該調査によって本漏えいが確認された場合には、速やかにその原因を究明した上で合理的に必要となる再発防止策を策定し、相手方当事者に対して報告しなければならない。
3．前項に基づき再発防止策を報告した［甲又は］乙は、当該再発防止策を適切に実施するものとする。
4．［甲及び］乙は、本漏えいにより相手方当事者に回復不能な重大な損害が生じ、又はそのおそれがある場合に、相手方当事者が本漏えいに係る行為を差し止める又はその差止めに係る仮の地位を定める仮処分を申し立てる権利を有することを承諾する。
［5．甲及び乙は、自らの本漏えいにより、相手方当事者に損害が生じた場合、違約金として〇円を支払う義務を負う。但し、相手方当事者が実際に

> 被った損害が当該違約金の額を上回る場合には、当該相手方当事者が実際の損害額を立証することにより、当該損害額の賠償を請求することができるものとする。]

(1) データ等の漏えい等があった時の対応および責任（1項-3項）

11条は、自己に対象データおよび派生データの漏えいや契約違反の利用があった場合の対応・責任についての規定です。1項では、漏えい等に対処するためにはまず状況を把握する必要があることから、漏えい等をした当事者に、相手方に対する通知義務を定め、2項および3項では、通知後の事実確認、原因の調査と再発防止策の実施を規定しています。

(2) データ等の漏えい等の行為の差止め（4項）

相手方当事者に漏えいがありそれが継続している場合や、漏えいのおそれがある場合には、相手方の当該行為を止める必要があります。

漏えいした対象データおよび派生データが営業秘密や限定提供データである場合には、不正競争防止法上の要件を満たせば差止請求が認められます。

また、営業秘密等に該当しない対象データおよび派生データであっても、契約の債務不履行に基づき差止請求ができる場合があります。4項では、当事者が、明示的に差止請求・仮処分申立をする権利を有することと、差止請求ができることを規定しています。

もっとも、対象データおよび派生データの漏えいや契約違反の利用があったという疑いがあるにすぎない場合において、差止請求・仮処分を申し立てることは実際には容易ではありません。しかし、そのような疑いがある場合には、データ提供者としては、事実が判明するまでは、対象データの提供を中止することが考えられます。そこで、そのような場合に備えて以下の規定を設けることが考えられます。

> 甲及び乙は、相手方当事者に対象データ及び派生データの漏えい等の合理的な疑いがあると判断した場合には、相手方に対してその判断の理由を記した書面を通知することにより、相手方当事者に対する対象データの提供を停止することができる。

(3) データ等の漏えい等の場合の違約金（5項）

データ等の漏えい等による損害額は、対応に要した実費を除いてはその算定が困難であることから、あらかじめ一定額を違約金として定めておくことが考えられます。もっとも、適切な違約金を設定することは実務上困難なことも多く、実務上用いられることは多くないと考えられることから、本モデル契約ではオプション条項としています。

5項はその一例として規定していますが、違約金は原則として損害賠償額の予定（民420条3項）と解されてしまうことから、実際の損害額が違約金の額を上回った場合には、当該損害額の賠償を請求できることを明記しておく必要があります。

12　秘密保持義務

第12条（秘密保持義務）
1．甲及び乙は、本契約に関して相手方当事者から開示を受けた情報（但し、対象データ及び派生データを除く。以下「秘密情報」という。）を厳に秘密として保持し、これを本目的のためのみに利用するものとし、本目的の達成に必要な範囲内で、知る必要のある自己の役員・従業員又は弁護士、税理士、公認会計士その他の専門家に対して開示する場合を除き（但し、甲及び乙は、これらの者に対して秘密情報を開示する場合に、当該秘密情報の開示を受ける第三者が法律上守秘義務を負う者でないときは、当該秘密情報の取扱いについて本契約に定める秘密保持義務と同一の義務をこれらの者に負わせるものとする。）、相手方当事者の書面による承諾なく、第三者に開示、提供、漏えいしてはならない。
2．前項の規定にかかわらず、次の各号のいずれかに該当する情報は、秘密情報にはあたらないものとする。[但し、開示を受た当事者が書面によってその根拠を立証できる場合に限り、以下の情報は秘密情報にあたらないものとする。]
　(1)　相手方当事者から開示された時点で、既に公知となっているもの
　(2)　相手方当事者から開示された後で、自らの責に帰すべき事由によらず公知になったもの
　(3)　相手方当事者から開示された時点で、既に自ら保有していたもの
　(4)　相手方当事者から開示された後に、正当な権限を有する第三者から開示に関する制限なく開示されたもの
　(5)　相手方当事者から開示された秘密情報を使用することなく自らが独自

> に開発・認知した情報
> 3．第1項の規定にかかわらず、甲及び乙は、法令、規則又は司法・行政機関等による規則若しくは規制又は司法・行政機関等により秘密情報の開示が要請される場合には、当該要請に応じるために必要な範囲で、秘密情報を開示することができる。但し、かかる場合には、秘密情報を開示しようとする当事者は、相手方当事者に対して、事前に（但し、緊急を要する場合には、開示後速やかに）、開示する秘密情報の内容を書面により通知するものとする。
> 4．本条に基づく義務は、本契約が終了した後も○年間存続するものとする。

　秘密保持については、秘密保持義務を負うこととなる「秘密情報」の定義と、その例外規定が主に問題となります。

　12条1項では、秘密情報の定義は、相手方から開示を受けた情報という最も広い範囲としています。これについては、当事者が秘密として指定した情報に限って秘密情報とすることも考えられます。なお、対象データおよび派生データについては4条（対象データの利用条件）、5条（派生データの利用条件）、9条（対象データ等の管理）で規定していることから、秘密情報の範囲から対象データおよび派生データは除外しています。したがって、12条が対象とする情報は、対象データおよび派生データを除いた秘密情報ということになります。例えば、相手方当事者から開示を受けた対象データ等にかかるノウハウなどは、この秘密情報に該当し得ます。本条項は「相手方当事者から開示を受けた情報」を対象としているため、共同して創出したノウハウは含まれない可能性があります。そのような情報を含めたい場合には本条項を修正する必要があります。

　なお、相手方に開示した情報を不正競争防止法上の限定提供データとして扱うためには、秘密情報の定義から除外しておくことを検討する必要があります。

　また、例外的に開示することができる場合として、ごく一般的に定められているものと同様に、役員・従業員に開示する場合と司法・行政機関等から要請された場合を定めていますが、これに加えて、親会社や子会社などのグループ会社については、同等の秘密保持契約を締結することを前提に開示することができるという取扱いにすることも考えられます。

13　損害賠償

【①損害賠償責任を制限する場合】

第13条（損害賠償）
1. 甲及び乙は、自らの責めに帰するべき事由による本契約の違反に起因して相手方当事者が被った損害（但し直接かつ現実に生じた通常の損害に限る。以下「損害等」という。）を、相手方当事者に対して賠償する責任を負うものとする。
[2. 前項に基づき損害賠償義務を負う者が相手方当事者に対して負担する損害賠償額は、債務不履行、［瑕疵担保責任、］知的財産権の侵害、不当利得、不法行為その他請求原因の如何にかかわらず、第7条に定める対価の金額［として乙が甲に支払った全額／○か月分］を限度とする。
3. 前項は、損害等が損害賠償義務者の故意又は重大な過失に基づくものである場合［、第8条（対象データにかかる保証）、第9条（対象データ等の管理体制）、第11条（対象データ等の漏えい時の対応及び責任）及び第15条3項（個人情報の取扱い）に定める義務の違反に基づくものである場合］には適用しないものとする。］

【②損害賠償責任を制限しない場合】

第13条（損害賠償）
甲及び乙は、自らの本契約の違反に起因して相手方当事者が被った一切の損害、損失、費用及び支出（合理的な弁護士費用を含む。以下「損害等」という。）を、相手方当事者に対して賠償する責任を負うものとする。

【③損害賠償責任を負わない場合】（データ受領者（乙）のみが責任を負う場合）

第13条（損害賠償）
1. 甲は、相手方当事者による対象データの利用に関連する、又は対象データの相手方当事者の利用に基づき生じた発明、考案、創作及び営業秘密等に関する知的財産権の相手方当事者による利用に関連する一切の請求、損失、損害又は費用に関し一切責任を負わない。
[2. 乙は、対象データの利用に起因または関連して第三者との間で紛争、クレームまたは請求（以下「紛争等」という）が生じた場合には、直ちに

> 甲に対して書面により通知するものとし、かつ、自己の責任および費用負担において、当該紛争等を解決する。甲は、当該紛争等に合理的な範囲で協力するものとする。
> 3．乙は、前項に定める紛争等に起因または関連して甲が損害、損失または費用（合理的な弁護士費用を含み、以下「損害等」という）を被った場合（但し、当該紛争等が甲の帰責事由に基づく場合を除く）、甲に対して、当該損害等を補償する。]

(1) 【①損害賠償責任を制限する場合】の規定

　13条では、契約違反の場合の損害賠償責任を定めています。データ提供者は、データ受領者によるデータ利用に関与しないことも多く、そのような場合には、データ提供者がデータの利用によってどのような損害が生じるかは予測することが困難であることが多いため、データ提供者としては損害額を負わない規定を設けるか、限定する規定を設けたいと考える傾向があります。

　上記①の条項は、損害賠償の範囲について、直接かつ現実に生じた通常損害に限定しています。これは、例えば、データが正確であればもっと利益を得られたはずであるといった逸失利益などの特別損害については賠償の対象外とすることを意味しています。

　また、選択的な条項として、2項において、損害賠償額について、対価の額を限度とする上限規定を設けています。上限を画する金額は、当事者が自由に設定することができますが、実務的には、当事者が支払った対価の金額を基準とすることが多いと思われます。

　もっとも、上限を設ける場合であっても、賠償義務者の行為が悪質であるような一定の場合には、上限を適用することが不適切な場合もあります。そのため、【①損害賠償責任を制限する場合】3項においては、賠償義務者に故意・重過失があるような場合については上限規定が適用されないことを定めています。

　また、3項で選択的な規定として、データを漏えいさせたり、適切な対応をとらなかったり、個人情報保護法に違反するような行為については、故意・重過失に準じる行為として、上限規定が適用されないことを定めています。

(2) 【②損害賠償責任を制限しない場合】の規定

上記(1)のような損害賠償責任の制限をしない場合の規定が、【②損害賠償責任を制限しない場合】の規定です。

(3) 【③損害賠償責任を負わない場合】(データ受領者のみが責任を負う場合)の規定

データの利用についてデータ提供者は一切責任を負わない場合の規定が、【③損害賠償責任を負わない場合】の規定です。

この規定に加えて、さらに、【データ提供型】を念頭に、選択的な規定として、第三者との間で紛争が生じた場合には、データ受領者である乙の方で対応する責任と賠償責任を負う規定を設けています(2項・3項)。

(4) 免責規定

本モデル契約では、8条においてデータの品質については一定の場合には免責を受けることができる規定を設けています。また、次条において、天災等による免責規定と知的財産権の侵害に関する免責規定を設けています。

14　免責

第14条（免責）
1．前条の規定にかかわらず、本契約の有効期間中において、天変地変、戦争、暴動、内乱、自然災害、停電、通信設備の事故・クラウドサービス等の外部サービスの提供の停止又は緊急メンテナンス、法令の制定改廃その他甲及び乙の責めに帰することができない事由による本契約の全部又は一部の履行遅滞若しくは履行不能については、甲及び乙は責任を負わないものとする。

【①知的財産権の非侵害を保証しない場合】
2．甲及び乙は、相手方当事者による対象データ及び派生データの利用に関連する、又は対象データ及び派生データの利用に基づき生じた発明、考案及び営業秘密等に関する知的財産権の利用に関連する一切の損害等に関して責任を負わないものとする。

【②知的財産権の非侵害を保証する場合】
2．甲は、乙に対して、対象データ及び派生データ並びにそれらの利用が第

> 三者の知的財産権を侵害しないことを保証する。当該保証に反して、乙による対象データ及び派生データ並びにそれらの利用が第三者の知的財産権を侵害したときは、甲は乙に対し、[第7条の対価の金額を限度として、]かかる侵害により乙に生じた損害を賠償する。但し、かかる知的財産権の侵害が乙の責に帰する場合はこの限りではなく、甲は責任を負わないものとする。

(1) 不可抗力免責

14条1項では、13条の規定にかかわらず、天災地変等だけでなく、通信設備やクラウドサービス等の外部サービスの停止や法令改正等による場合に、不可抗力免責を認めることとしています。

(2) 知的財産侵害の場合の責任

2項は、知的財産侵害に関する責任に関する規定です。

この点、8条において第三者の知的財産権等の権利を侵害しないことを保証しないとした場合には、その関係で、【①知的財産権の非侵害を保証しない場合】として、2項で、相手方による対象データおよび派生データに関する知的財産権の利用に関連する一切の損害等については責任を負わない規定を提示しています。

逆に、8条においてデータ提供者(甲)が第三者の知的財産権等の権利を侵害しないことを保証している場合には、【②知的財産権の非侵害を保証する場合】の2項で、データ受領者乙のデータの利用に関して第三者との間で紛争、クレーム、請求が生じた場合には乙が被った損害等を賠償するという規定を提示しています。なお、損害額については上限を設けることも考えられ、その場合には、乙が甲に支払った対価を上限とすることも多いので、そのような規定を選択的に設けています。

15　有効期間

> 第15条（有効期間）
> 　本契約の有効期間は、本契約の締結日から〇年間とする。但し、当該有効期間の満了日から〇か月前までに当事者のいずれかから書面による契約終了の申し出がないときは、本契約と同一の条件で、さらに〇年間継続するものとし、以後も同様とする。

　15条は、当初の有効期間を一定期間に区切りつつ、両当事者から終了の申出がない時は、同一条件で自動更新する旨の規定としています。当初の有効期間をどの程度にすべきかは、ケースバイケースですが、初期投資やデータ収集のための機器・設備の耐用年数、目的とするデータを取得するのに要する期間等も踏まえて検討されることになります。
　また、終了の申出がどの程度事前にされるべきかは、当該契約を終了させることによるインパクト、他の契約相手を見つける必要がある場合にはその準備に要する期間等も踏まえて決定することになります。

16　解除

> 第16条（解除）
> 1．甲及び乙は、相手方当事者に以下のいずれかに該当する事由が発生した場合には、何ら催告なくして、本契約を解除することができる。
> 　(1)　本契約の一に違反し、相当の期間を定めて催告したにもかかわらず、その違反が是正されなかった場合
> 　(2)　対象データ及び派生データの漏えい等をした場合
> 　(3)　支払停止又は支払不能となった場合
> 　(4)　差押え、仮差押え若しくは競売の申立があった場合、又は公租公課の滞納処分を受けた場合
> 　(5)　解散、事業の全部又は重要な一部の譲渡等の決議をした場合
> 　(6)　破産、民事再生、特別清算、会社更生手続の開始が申立てられ、又はこれに類する法的倒産手続が申立てられた場合。但し、これらの申立が債権者によりなされた場合には、裁判所がその手続開始決定をした場合（特別清算の場合には手続開始命令をした場合）とする。

2．甲及び乙は、自らが、反社会的勢力（暴力団、暴力団員、暴力団員でなくなった時から5年を経過しない者、暴力団準構成員、暴力団関係企業、総会屋等、社会運動等標ぼうゴロ又は特殊知能暴力集団、その他これらに準ずる者をいう。以下同じ。）に該当しないこと、及び反社会的勢力と以下の各号の一にでも該当する関係を有しないことを、相手方当事者に対して表明し、保証する。甲及び乙は、相手方当事者が反社会的勢力に該当し又は以下の各号の一に該当することが判明した場合には、何らの催告を要せず、本契約を解除することができる。
(1) 反社会的勢力が経営を支配していると認められるとき
(2) 反社会的勢力が経営に実質的に関与していると認められるとき
(3) 自己、自社若しくは第三者の不正の利益を図る目的又は第三者に損害を加える目的をもってするなど、不当に反社会的勢力を利用したと認められるとき
(4) 反社会的勢力に対して資金等を提供し又は便宜を供与するなどの関与をしていると認められるとき
(5) その他役員等又は経営に実質的に関与している者が、反社会的勢力と社会的に非難されるべき関係を有しているとき
3．甲及び乙は、相手方当事者が自ら又は第三者を利用して以下の各号の一に該当する行為をした場合には、何らの催告を要せず、本契約を解除することができる。
(1) 暴力的な要求行為
(2) 法的な責任を超えた不当な要求行為
(3) 取引に関して、脅迫的な言動をし、又は暴力を用いる行為
(4) 風説を流布し、偽計若しくは威力を用いて本件当事者の信用を棄損し、又は当本件当事者の業務を妨害する行為
(5) その他前各号に準ずる行為
4．前三項に基づき相手方当事者により解除権を行使された当事者は、相手方当事者の書面による同意がある場合を除き、解除後は、対象データ及び派生データを一切利用してはならないものとする。
5．甲及び乙は、本契約に別途定める場合のほか、書面で合意することにより、本契約を解約することができる。

(1) 解除

16条では、1項で通常の解除条項を規定しています。それに加えて、2項で、契約違反等はないものの、相手方が反社会的勢力を関係があった場合に即時に契約解除できるように、いわゆる暴排条項・反社条項を規定しています。

1項の解除条項については、本モデル契約に列挙したものだけでなく、通常の契約の解除条項として規定されるものが追加されることを想定していますが、その他にも自らの事業と競合する第三者に相手方が買収された場合（いわゆる Change of Control 条項）などを解除事由として規定しておくことも考えられます。

(2) **解除権行使後のデータの利用（5項）**

対象データの漏えい等が発生し、相手方当事者によって解除権が行使された場合に、対象データや派生データ等の権利や利用条件をどうするかが問題となります。

当事者が本契約を解除したとしても、特に規定しない限り、発生した著作権については違反当事者に帰属したままですし、違反当事者の手元にありアクセス可能な対象データについては、違反当事者が利用することが可能です。そこで、4項において対象データおよび派生データの漏えい等の解除事由が発生した場合には、違反当事者による利用を禁止する規定を設けています。

17　契約終了後の効力

第 17 条（本契約終了後の効力）
1．本契約が終了した場合であっても、第 12 条乃至第 14 条、本条及び第 18 条乃至第 22 条の規定は有効に存続するものとする。
2．［甲及び］乙は、本契約が終了したときは、対象データ及び派生データのうち別紙3において契約終了時における廃棄又は消去が明記されたものについて、別途甲及び乙が協議の上で定める手続に従い、速やかに廃棄又は消去するものとする。
3．［甲及び］乙は、前項により廃棄又は消去する義務を負うデータ以外の対象データ及び派生データについて、本契約に定める利用条件で引き続き利用できるものとし、第 4 条乃至第 7 条、第 9 条乃至第 11 条に従って利用しなければならないものとする。
4．甲及び乙は、本契約の終了により、終了時において既に本契約に基づき発生した義務・責任又は終了前の作為・不作為に基づき終了後に発生した本契約に基づく義務・責任を免除されるものではなく、また、本契約の終了は、本契約終了後も継続することが本契約において意図されている甲及び乙の権利、義務、責任には一切影響を及ぼさないものとする。

別紙3　契約終了時に廃棄または消去されるデータ

	データ名	対象データ／派生データ	対象期間
1	○○○	○○【別紙1または2を引用する等して特定する】	【○年○月○日～○年○月○日】の期間に取得されたもの
2	○○○		

(1) 残存条項

契約が終了した後においても、効力を有すべき規定についてはこれを明示しておく必要があります。

本モデル契約では以下について、契約終了後も効力を有するものとしています。

・秘密保持義務
・損害賠償に関する規定
・本条

なお、秘密保持義務条項（12条）については、4項において、契約終了後に秘密保持義務を負う期間が規定されています。

また、対象データおよび派生データの利用についても、17条に基づき廃棄または消去する義務を負うデータ（別紙3）以外の対象データおよび派生データについては、契約終了後も、本モデル契約に定めた利用条件で利用できるものとしています。契約終了後の利用を認めるかという点で、別紙3にどのような記載をするかは重要です。

(2) 契約終了後のデータの取扱い

契約終了時にデータを破棄・消去するか、あるいは引き続き利用を続けることができるかについては、対象データおよび派生データの性質や取得方法によって異なります。

2項では、契約終了時に廃棄または消去すべきデータを別紙3で列挙しておき、それ以外のデータについては、従前通りに利用ができることとしています（逆に、引き続き利用できる対象データおよび派生データのみを列挙することも考えられる）。

18　一般条項

> 第 18 条（費用）
>   本契約に別段の定めがある場合並びに甲及び乙が別途合意した場合を除いて、本契約の締結及び履行にかかる費用については、各自の負担とする。
>
> 第 19 条（譲渡禁止）
>   甲及び乙は、相手方当事者の事前の書面による同意なしに、本契約、本契約上の地位又はこれらに基づく権利・義務を譲渡、移転その他処分してはならない。
>
> 第 20 条（準拠法）
>   本契約は、日本法に準拠し、日本法に従って解釈される。
>
> 第 21 条（紛争解決）
>   本契約に起因又は関連して生じた紛争（本契約の各条項の解釈に疑義が生じた場合を含む。）については、まずは甲及び乙が誠実に協議することによりその解決に当たるものとするが、かかる協議が調わない場合には、〇地方裁判所を第一審の専属的合意管轄裁判所として裁判により解決するものとする。
>
> 第 22 条（誠実協議）
>   本契約に定めのない事項については、甲及び乙は、誠実に協議し、その解決に努めるものとする。

　20 条では準拠法を日本法としていますが、相手方当事者が外国企業の場合には、外国法とする場合もあります。

　21 条は、紛争解決手続として日本の地方裁判所を第 1 審の専属的合意管轄裁判所としています。もちろん他の裁判所を指定することもあれば、外国の裁判所を指定することも考えられます。もっとも、海外企業に対して日本の裁判所で裁判を提起して判決を得たとしても、相互承認等の問題で判決を執行することが難しいこともあるため、裁判手続ではなく、仲裁手続とすることも考えられます。特に、営業秘密やノウハウに該当するデータ等の機密性の高い情報を扱うような場合には、営業秘密・ノウハウの流出を防止するために、公開の法廷ではなく、非公開の仲裁とするメ

リットがあります。

　費用やスピードの観点からも、仲裁には利点がありますが、仲裁人が3人となる場合にはその報酬が高額になり得ることや、仲裁では第1審のみで上訴できないという違いもあるので、事案に応じてどのような解決手段が望ましいかを検討することになります。

　外国の相手方との契約では、契約当事者のどちらかの国での仲裁ではなく、第三国（例えば、シンガポールや香港等）の仲裁と定めることも考えられます。

　ICC（国際商工会議所）仲裁による仲裁標準条項は以下の通りです。

第21条（紛争解決）
本契約に起因または関連して生ずる全ての紛争は、ICC仲裁規則に基づき、当該規則に従って選任される1人又は複数の仲裁人によって最終的に解決されるものとする

　なお、ICC仲裁規則が単独仲裁人を原則としていると考えられるため、当事者が仲裁人の人数を規定することを希望する場合には仲裁人の人数を記載することになります。また、当事者が、仲裁地、仲裁言語について規定することも考えられます。ICC仲裁規則は、仲裁地、仲裁言語、契約の準拠法についての当事者の自由な選択に制限を加えるものではないとされています。

第3章
データ共有プラットフォーム利用規約の解説

　前章では、二当事者間のデータ取引に関する契約について解説しましたが、より多くの当事者がデータを提供することによって、効果的な結果が得られることも少なくないことから、データ共有プラットフォーム（以下、単に「プラットフォーム」という）を構築して、プラットフォーム上で多くのデータを集積し、当事者がそれぞれのビジネスに活用したり、コンソーシアムを組んで共同で新商品や新サービスを開発するという取組みが増加しています。

　プラットフォームを通じてデータを共有する際の参加者は、シンプルな例では、データを提供する者（以下、「データ提供者」という）とデータを利用する者（以下、「データ利用者」という）の範囲がおおむね同一となることが多いと思われます（第1章【図表1-3】「データ共用型」契約参照）。つまり、プラットフォームの参加者がデータ提供者にもデータ利用者にもなることになりますが、その典型的な例としては、B to B（企業間）での業界横断的なデータ連携が挙げられます。これは、同業・異業種問わずに事業者間でお互いにデータを持ち寄って利活用する取組みですが、多くのデータを組み合わせて加工・分析することによって付加価値が生じることが期待されています。

　データ駆動型社会では、とりわけ異業種間でのデータ利活用によってこそイノベーションが生まれるといわれており、プラットフォームを通じたデータ共有については、経済産業省から公表されているデータ契約ガイドラインの別添において、モビリティ（Connected Car、高精度3次元地図）、物流、建設現場や船舶運航、農業など産業分野別のデータ利活用事例が掲載されています。また、経済産業省、総務省及びIoT推進コンソーシアムが設置したデータ流通促進ワーキンググループから公表されている「新たなデータ流通取引に関する検討事例集ver2.0」[注1]においては、データの利用目的（公共性の高い利活用か、ビジネスによる利活用か等）、データの種

類（個人情報・プライバシーを含むか否か等）、データの利用範囲（第三者提供の可否等）の観点から、多数の相談事例を挙げて検討・整理がなされています。このようなデータ連携にはさまざまなタイプがありますが、B to Bのデータ連携としては、例えば、大きく分けて以下のように分類できます[注2]。

類型①：データ共有等により、新商品・サービス等を創出しようとするもの（例：スマートシティ[注3]やMaaS（Mobility as a Service）[注4]といった社会課題解決型ビジネス、自動走行ビジネスや自動走行システムの開発等のための異業種連携）（【図表3-1】）
類型②：サプライチェーン間でのデータ共有により効率化を図ろうとするもの（例：製造メーカー・物流（卸売）事業者・販売事業者等の連携による効率性向上、トレーサビリティや食品ロス対策等）（【図表3-2】）
類型③：データを一極的に収集して得た創出データによりサービス等を創出・改善しようとするもの（例：共通ポイントサービス、産業機械・設備等のメーカーによる保守管理サービス）（【図表3-3】）
類型④：データ流通取引基盤を構築し事業者間で必要なデータを取引しようとするもの（例：データ取引所の構築・運営）（【図表3-4】）

また、より多くの立場の関係者が関与するプラットフォームになると、

注1）https://www.meti.go.jp/press/2018/08/20180810002/20180810002-1.pdf　参照。
注2）公正取引委員会・競争政策研究センター「『業務提携に関する検討会』報告書」（2019年7月10日）（以下、「業務提携検討会報告書」という）59-62頁における分類。
注3）ICTなどの新技術をエネルギーや生活インフラに活用し、環境に配慮しつつマネジメント（計画、整備、管理・運営など）が行われ、都市の抱える諸課題に対して全体最適化を図る持続可能な都市。
注4）自動車、鉄道、バスなどのすべての交通手段によるモビリティ（移動）を単なる移動手段ではなく、1つのサービスとして捉え、シームレスにつなぐ新たな移動の概念であり、スマートフォンのアプリなどを通じて現在地から目的地までの移動を一括して検索、予約、決済等ができるサービス。

第3章　データ共有プラットフォーム利用規約の解説

【図表 3-1】新商品・サービス等を創出する類型

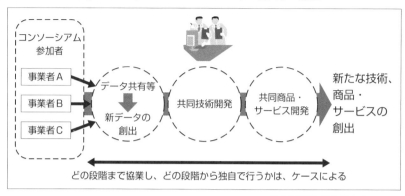

＊業務提携検討会報告書 59 頁。

【図表 3-2】サプライチェーン間でのデータ共有の類型

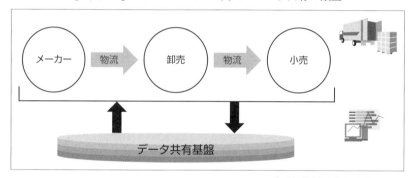

＊業務提携検討会報告書 60 頁。

【図表 3-3】創出データによりサービス等を創出・改善する類型

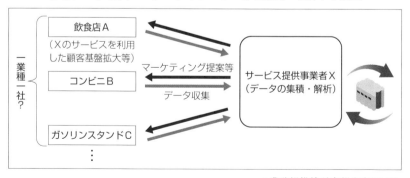

＊業務提携検討会報告書 61 頁。

【図表3-4】データ流通取引基盤を構築する類型

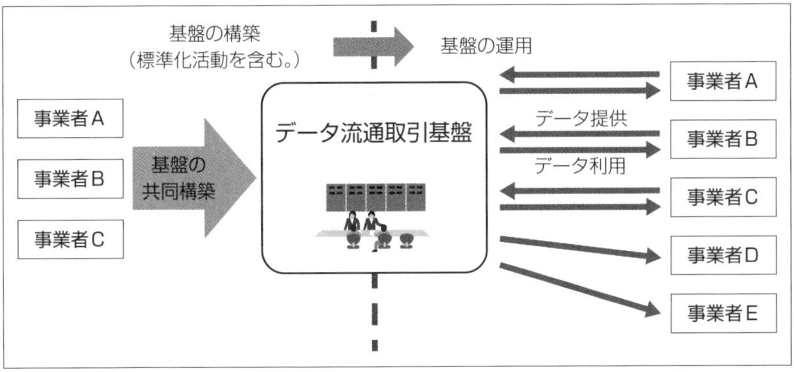

```
              基盤の構築
          （標準化活動を含む。）        基盤の運用
                                ←――――――――  事業者A
  事業者A  ――――→                 データ提供
                    データ流通取引基盤  ←――――――――  事業者B
  事業者B     基盤の                 データ利用
            共同構築                ←――――――――  事業者C
  事業者C  ――→                    ←――――――――  事業者D
                                ←――――――――  事業者E
```

＊業務提携検討会報告書62頁。

　データ提供者とデータ利用者が別の主体になったり、データの加工・分析業者やデータ利用サービスの開発業者、さまざまなオープンデータを保有している官公庁が参加するものもあります（【図表3-5】）。例えば、農業の生産性向上等のためにデータを利活用する「農業データ連係基盤」、港湾物流を効率化したAIターミナルを実現するための「港湾関連データ基盤」（農業データ連携基盤と連携して、生産から輸出に至るまでのスマートフードチェーンシステムの構築も見据えている）、医療データを創薬・医療機器開発等に利活用するための「次世代医療基盤」、政府衛星のデータを利活用することを目的としたプラットフォーム「Tellus（テルース）」などが挙げられます。

　このようなプラットフォームにおける運営者とデータ提供者・データ利用者それぞれの契約関係は、多数かつ多様な者が関与することに鑑み、個々のデータ提供者・データ利用者ごとに個別に契約交渉をするのではなく、画一的に処理することができるように、利用規約として統一ルールを定めることが簡便です。なお、通常のプラットフォーム参加者については利用規約を用いる場合であっても、特定のデータ提供者またはデータ利用者（例えば、オープンデータを提供する官公庁や、データの提供を受けて加工・分析をする事業者等）との間で特別な条件を付した契約を個別に締結

第3章　データ共有プラットフォーム利用規約の解説

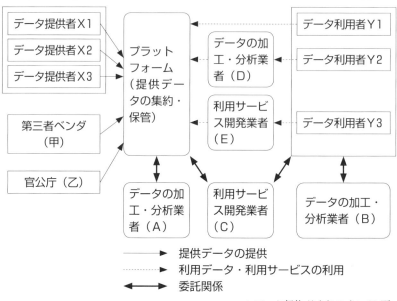

【図表3-5】多くの立場の関係者が関与するするプラットフォームの例

＊データ契約ガイドライン69頁。

することももちろん可能ですし、そのように別枠で対応することのほうが多いでしょう。

　プラットフォームを通じてデータを共有する際の利用規約の内容は、個別の案件によってケースバイケースとなりますが、ドラフティングのベースとなるシンプルな例として、モデル利用規約（以下、「本モデル規約」という）の書式を本書の末尾に添付してありますのでご参照ください。本モデル規約は、業界横断的なデータ連携として、主にB to B（企業間）での産業データの共有を念頭に置いて作成しており、ある程度クローズドなプラットフォーム（多数の参加者がいるものの、完全にオープンなプラットフォームではない）を想定した規約になります。

　以下では、本モデル規約の各条項ごとにポイントを解説します。本モデル規約中の［　］は、必要に応じて文言を選択または補充していただく場合や条項を設ける場合（オプション条項）に用いています。

1 利用規約の適用

> 第1条（利用規約の適用）
> 1．この［プラットフォームの名称］利用規約（以下「本規約」といいます。）は、○○○○（以下「運営者」といいます。）が運営する［プラットフォームの名称］（以下「本プラットフォーム」といいます。）を通じて提供するサービス（以下「本サービス」といいます。）の権利義務を定めるものであり、本サービスの利用に関わる一切の関係に適用されます。
> 2．本規約と個別の利用契約の規定が異なるときは、個別の利用契約の規定が本規約に優先して適用されるものとします。

(1) プラットフォーム運営者

プラットフォームの運営者にはさまざまなタイプがありますが、データ取引についての運営者の関与という観点から大きく分けると、(A)プラットフォーム運営者が自らデータ取引の当事者となる場合と、(B)プラットフォーム運営者は取引の当事者とはならずに、データ提供者とデータ利用者の取引をする場を提供して取引を仲介する（自らはデータ取引の当事者とはならない）場合とがあります。

(A) プラットフォーム運営者が自らデータ取引の当事者となる場合

タイプ(A)のプラットフォームとしては、業務効率性を高めるための業界横断的なデータ連携のプラットフォーム（例えば、冒頭の類型②のように製造業、運送業、小売業等が参加する配送効率化のためのプラットフォーム）や、情報銀行などのパーソナルデータのプラットフォームなどもあります。この場合には、各データ提供者－プラットフォーム運営者間、各データ利用者－プラットフォーム運営者間の契約関係となります。そのため、各データ提供者と各データ利用者は直接の契約関係に立たず、基本的にはデータ取引に関して相互に権利義務は有しないことになります。

本モデル規約は、運営者がデータ取引の当事者となるタイプ(A)のプラットフォームを前提に、主にBtoB（企業間）での産業データの共有を念頭に置いて作成していますが、近時、情報銀行をはじめとするパーソナルデータを取り扱うデータプラットフォームも注目されていますので、必要に応じてパーソナルデータの取扱いについても触れることとします。

情報銀行は、個人からの委託を受けてパーソナルデータを第三者に提供する代わりに、データ提供の対価を委託者である個人に還元することによって、パーソナルデータの流通・利活用を促進するために設けられた制度です。情報銀行については、総務省および経済産業省が設置した情報信託機能の認定スキームの在り方に関する検討会から「情報信託機能の認定に係る指針」が公表されており[注5]、当該指針に基づいて、一般社団法人日本IT団体連盟（以下、「IT連」という）が認定事業を行っています（政府の許認可ではなく、あくまで民間団体による認定であり、情報銀行ビジネスを行う上で、認定を受けることが必須というわけではない）。IT連は、同指針を踏まえて、情報銀行の認定申請書類として情報銀行ビジネスを行う事業者が提出することとなるモデル契約約款を公表しています。このモデル契約約款は、個人の保護に重きを置いた考え方に基づいて作成されており[注6]、情報銀行の認定を受けるか否かにかかわらず、パーソナルデータを扱うプラットフォームを構築する際には参考になると思われます。

⑻　**プラットフォーム運営者がデータ取引の仲介者となる場合**

　タイプ⑻のプラットフォームは、データ取引市場（冒頭の類型④）として、データ提供者とデータ利用者が直接取引をすることになります。この場合には、運営者は取引の当事者とはならず、データ提供者とデータ利用者が契約当事者となって、データ取引に関して相互に権利義務を有することになります。また、運営者がデータ提供者とデータ利用者をマッチングするプラットフォームを提供する例もあり、このような形態のプラットフォームは、多くの場合、データの共有・流通が主眼ではなく、データ提供者とデータ利用者が異なる範囲の主体となり、データ利用者がほしいデータのみをデータ提供者との間で個別に売買するということが想定されています。

注5）総務省・情報信託機能の認定スキームの在り方に関する検討会「情報信託機能の認定に係る指針ver1.0」（2018年6月）（http://www.soumu.go.jp/main_content/000607546.pdf）。なお、本書執筆時点（2019年9月10日現在）において、かかるver1.0の見直しが進められており、見直し方針の取りまとめ（案）及び指針ver2.0（案）が公表されている（http://www.soumu.go.jp/main_content/000627790.pdf）。

注6）https://www.tpdms.jp/application/index.html

なお、データ取引市場に関しては、総務省情報通信審議会情報通信政策部会のデータ取引市場等サブワーキンググループにおいて、データ取引市場を運営する者に関するルールのあり方について議論がなされ、データ取引市場の信頼性を確保するために、中立性、公正性、透明性等の一定の要件を満たした事業者について、民間団体による認定を与える制度という形で進められています[注7]。2018年9月には、一般社団法人データ流通推進協議会が、データ提供者とデータ利用者の仲介と決済を提供するデータ取引市場運営者の認定基準として、「データ取引市場運営事業者認定基準_D2.0」を公表しており、当該認定基準では、データ取引市場運営事業者の体制の整備、データ提供者との標準約款の作成・公表、データ提供先との標準約款の作成・公表、データ提供者およびデータ提供先のデータ取引に関するルール策定等を求めています[注8]。情報銀行と同様に民間団体の認定ですので、認定を受けることは必須のものではありませんが、認定を受けるかどうかにかかわらず、データ取引市場のビジネスを行う際にはこれらの基準が参考になるでしょう。

(C)　プラットフォーム運営者の中立性・公平性・信頼性

　タイプ(A)(B)いずれにしても、多くの場合、プラットフォームの権利関係は利用規約という統一ルールの下で処理することになりますので、プラットフォームの運営者として、プラットフォームの参加者が利用規約を遵守しているか等のモニタリングを含めて、当該ルールを中立の立場で公平に適用することができるプレーヤーが必要となります。そのため、プラットフォームを構築するに当たっては、プラットフォーム運営者の中立性・公平性・信頼性が確保されていることが重要になります。

(2)　**運営者の組織形態**

　プラットフォームそれ自体をビジネスとして運営し、データ取引には参加しない（データの保有、提供、利用はしない）事業者がいる場合は、自ら

注7）総務省情報通信審議会情報通信政策部会「データ取引市場等サブワーキンググループ　取りまとめ（案）」10-12頁。
注8）データ取引市場の運営事業者は、データ提供者とデータ提供先を仲介して、データと対価の交換・決済の機能を提供する者であり、自らはデータを収集・保持・加工・販売しない。

がプラットフォーム運営者となることが多いのに対して、業務効率化のための業界横断的なプラットフォーム等のある種公共的なプラットフォームの場合には、参加者の全員または一部が別の組織・団体を設立し、当該組織・団体を運営者として、プラットフォームの運営に当たらせることが多いようです。

その組織形態としては、株式会社、合同会社、民法上の組合、一般社団法人などが考えられますが、民法上の任意組合とすると、組合員となる参加者が債権者に対して直接無限責任を負うことになりますので、参加者が有限責任となる別の法人格を有する組織を設立するほうが望ましいように思われます。また、株式会社・合同会社では、出資比率・議決権の配分や役員選任の問題、脱退する際の株式・持分の取扱いの問題などがあり、参加者が多数の場合にはうまく交渉がまとまらない可能性があります。

プラットフォーム運営者として収益を上げることを目的としていない場合には、設立時に出資や労務提供が要件とされていない一般社団法人が選択されることも多いように思われます。

また、プラットフォーム構築の際には、運営者の組織形態だけでなく、プラットフォーム運営のための費用、特にシステム開発やデータの分析を委託するような場合には初期投資に大きな金額が必要となりますし、運営のための人手も必要となりますので、人員派遣、経費分担や基金拠出等を含めて、事前に検討しておく必要があります。

(3) 利用規約と個別の利用契約

本モデル規約の1条では利用規約の適用について定めており、1項は、プラットフォームのサービスの利用に関して利用規約が適用されることを明示しています。2項では、プラットフォームの利用申込みの際に、個別契約を締結して特約を付する場合の利用規約と個別契約の優先関係を定めています。

オンラインの申込みで利用規約に同意することによって申込みが完了することを想定している場合（個別契約を締結することが想定されない場合）には、2項は不要となりますが、利用者が利用規約に従って取引を行う意思を有していることを確認することが必要となります。その確認手段については、利用者に利用規約に同意するクリックを要求する場合もあれば、

取引申込み画面でサイト利用規約が取引条件であることを告知するものの、利用規約に同意するクリックまでは要求しない場合もあるなどさまざまです。ただし、ウェブサイトを通じた取引やウェブサイトの利用に関して契約を成立させる場合には、利用規約をその契約に組み入れる（利用規約の各条項を当該契約の契約条件またはその一部とする）必要があります。そのためには、①利用者がサイト利用規約の内容を事前に容易に確認できるように適切にサイト利用規約をウェブサイトに掲載して開示されていること、および②利用者が開示されているサイト利用規約に従い契約を締結することに同意していると認定できることが必要であるとされている点に留意が必要です[注9]。したがって、わかりやすいUI（ユーザインターフェース）により、ユーザが利用規約を認識できるようにしておく必要があります。具体的には、申込みボタンとともに利用規約へのリンクを明瞭に設けたり、利用規約への同意クリックを要求し、かつ利用者がいつでも容易にサイト利用規約を閲覧できるようにしておくなどのUIの設計を検討する必要があります。

　この点に関して、2017年5月に成立し、2020年4月1日から施行される改正民法（以下、「改正民法」という）において、「定型約款」に関する条項が設けられました。ここにいう「定型約款」とは、以下のように定義されています（改正民法548条の2第1項）。

① ⓐある特定の者（定型約款準備者）が不特定多数の者を相手方として行う取引であって、その内容の全部または一部が画一的であることがⓑその双方にとって合理的なものを「定型取引」という。

② かかる定型取引において、契約の内容とすることを目的として、定型約款準備者により準備された条項の総体を定型約款をいう。

　かかる定義によれば、不特定多数が利用できるオープンなプラットフォームであれば、データ共有プラットフォームの利用規約も多くの場合、定型約款に該当することになるでしょう。

　そして、定型約款を契約の内容とする旨の合意をしたときだけでなく、定型約款を準備した者（上記②の「定型約款準備者」）があらかじめその定

注9）経済産業省「電子商取引及び情報財取引等に関する準則」（2018年7月）（以下、「電子商取引準則」という）20頁以下。

型約款を契約の内容とする旨を相手方に表示していたときも、定型約款の個別の条項について合意したものとみなされます。この「相手方に表示していたとき」とは、取引を実際に行おうとする際に、相手方に対して定型約款を契約の内容とする旨が個別に表示されていると評価できるものでなければなりません。したがって、定型約款準備者の管理する自社ホームページなどで一般的に公表するだけでは足りず、例えば、インターネット経由の取引であれば、契約締結画面までの間に画面上で認識可能な状態に置くことが必要となります注10)。

2 定義

> 第2条（定義）
> 本規約において使用される用語は、以下の意味を有するものとします。
> (1) 「本目的」とは、○○○○をいいます。
> (2) 「会員」とは、本プラットフォームを利用するために運営者との間で本利用契約を締結し、会員登録を行った者をいいます。
> (3) 「データ提供会員」とは、本利用契約及び本規約に基づき、本プラットフォームを通じて、対象データを提供する会員をいいます。
> (4) 「データ利用会員」とは、本利用契約及び本規約に基づき、本プラットフォームを通じて、対象データを利用する会員をいいます。
> (5) 「対象データ」とは、本プラットフォームにおいて提供又は利用されるデータをいいます。
> (6) 「派生データ」とは、対象データを加工して得られたデータをいいます。
> [(7) 「対象データ等」とは、対象データ及び派生データをいいます。]
> (8) 「利用」とは、利用、使用［、加工、開示、利用許諾、移転、譲渡、処分］［等］することをいいます。
> (9) 「加工」とは、対象データを加工、編集、統合［、分析］［等］することをいいます。
> (10) 「知的財産権」とは、著作権、特許権、商標権、実用新案権、意匠権、半導体集積回路の回路配置に関する法律にいう回路配置利用権をいいます。
> (11) 「個人情報等」とは、個人情報の保護に関する法律に定める個人情報及び匿名加工情報を総称したものをいいます。

注10) 筒井健夫ほか『一問一答民法（債権関係）改正』（商事法務、2018）250頁。

⑿　「統計データ」とは、個々の対象データを加工して作成される派生データのうち、対象データの集合体であって、そのデータの集合体のもつ集団的現象を数値で表し、かつ当該数値から特定の個人、法人又は団体を識別することができないものをいいます。
⒀　「改ざん」とは、事実と異なる改変を加えることをいいます。
⒁　「損害等」とは、損害、損失、費用又は支出（合理的な弁護士費用を含みます。）をいいます。
⒂　「紛争等」とは、紛争、クレーム又は請求をいいます。
⒃　「ID」とは、会員とその他の者を識別するために用いられる符号をいいます。
⒄　「パスワード」とは、IDと組み合わせて、本プラットフォームに対するアクセスを認証するために用いられる符号をいいます。
⒅　「会員設備」とは、本プラットフォームを利用するために、会員が設置するコンピュータ、電気通信設備その他の機器及びソフトウェアをいいます。
⒆　「運営者設備」とは、本プラットフォームを提供するにあたり、運営者が設置するコンピュータ、電気通信設備その他の機器及びソフトウェアをいいます。

　2条では、本モデル規約で使用される用語の定義を定めています。ここで定義された用語は、本モデル規約において特に断りのない限り、同様の意味を有することになります。以下、定義における主要なポイントについて解説します。

(1) **本目的（1号）**

　本モデル規約における目的も、第2章で解説した本モデル契約1条の目的と同様に、単に本サービスが抽象的に目指すところではなく、プラットフォームに提供されたデータの利用条件（11条）や秘密保持義務（29条）における目的外利用の禁止の範囲と結びついています。また、会員登録の拒絶事由の1つである「会員登録をすることが不適当と認められる事由」の判断の際にも考慮要素となります。したがって、目的を定める際には、これらの範囲も意識しながら定めることが必要となります。

　かかる目的に関して、多数の当事者でプラットフォームを構築する際には、プラットフォームでのデータ共有によってどのような課題の解決を目指すのかという点について、当事者間でコンセンサスを得ておくことが非

常に重要になります。そのようなコンセンサスがないままに利用条件等の個別の規約条項の議論をしても、各当事者によって利害関係は異なりますので、議論がまとまらなくなるおそれがあります。解決すべき課題を明確にした上で、対象データや派生データの利用条件について、課題解決のためにどのように利用することが必要となるか、といった議論をしていくことで、自ずと着地点が見えてくることも少なくありません。

(2) **会員（2号）・データ提供会員（3号）・データ利用会員（4号）**

会員の定義については、「会員」（2号）、データ提供会員（3号）、データ利用会員（4号）という3種類の定義を定めています。単に「会員」（2号）という場合には、データ提供会員もデータ利用会員もすべて含むことになりますが、データ提供者とデータ利用者が別々の範囲となるプラットフォームを構築する場合（例えば、データを提供するのは個人、データを利用するのは一定範囲の事業者、あるいはその逆など）には、それぞれの会員を分けて定義しておく必要があります。もっとも、本モデル規約では、基本的にデータ提供者とデータ利用者の範囲は同じであることを想定していますので、必ずしも定義を分ける必要はありませんが、会員の権利義務を規定する場合に、「データを提供する場合には」「データを利用する場合には」と逐一場合分けをする必要のないように、また、定義上で分けておくことがわかりやすいため、「データ提供会員」（3号）と「データ利用会員」（4号）に分けて定義しています。なお、会員の種別によって利用できるデータやサービスを変えることもあり得ますので、その場合には、例えば、A会員、B会員のように会員の種別を分けることも考えられます。

(3) **対象データ（5号）**

5号は対象データを定義していますが、本モデル規約では、会員がデータ提供者にもデータ利用者にもなり、かつ、プラットフォーム上の全てのデータにアクセスできるという前提で、プラットフォーム上のすべてのデータが含まれるように、最も広い定義としています。その上で、会員が具体的にどのような対象データをプラットフォーム上に提供できるかについては、8条の対象データの提供方法で特定することを前提としています。なお、8条で提供できる対象データの範囲を定めるのではなく、本項で別紙を引用する形で、対象データの範囲を定めてしまうこともあります

が、プラットフォーム上に提供される対象データの範囲は変わりませんので、どちらの定め方でもよいです。

　この対象データの定義については、誰がどのようなデータを提供して、誰がどのようなデータを利用できるかによって、変わってきます。例えば、一定のデータについては一部の会員しか利用できないようにする場合には、すべての会員がアクセスできるデータと、一部の会員のみがアクセスできるデータを分けて取り扱う必要があります。SNSの投稿で、一般に公開する場合と自分の友人のみに見せる場合とで設定を分けるイメージです。ビジネス上は、競争事業者がアクセスできることによって、独占禁止法等に違反してしまうことを避けたり、競争力を失わないようにしたりする場合に別の設定とすることがあります。そのような場合には、以下のように、すべての会員がアクセスできる「シェアード・データ」と、「アクセス・キー」を入手した一部の会員のみがアクセスできる「プライベート・データ」とに分けることが考えられます（なお、名称は、わかりやすければこの通りでなくてもかまわない）。プライベート・データとアクセス・キーの取扱いに関する条項については、8条(3)(D)の解説を参照してください。

> ○．「シェアード・データ」とは、プライベート・データ以外の対象データをいい、会員による共有を予定しているデータであり、本プラットフォーム上でデータ利用会員の利用に供されるものをいいます。
> ○．「プライベート・データ」とは、対象データのうち、データ提供会員が本プラットフォーム上でその利用にアクセス・キーによる制限をかけるよう設定したデータをいいます。
> ○．「アクセス・キー」とは、データ提供会員の要請に基づき運営者が発行する、プライベート・データへのアクセスを認証するための電子的な鍵をいいます。

(4)　派生データ（6号）、加工（9号）

　「派生データ」は「対象データを加工して得られたデータ」と定義していますが、この「加工」の定義によって、派生データの範囲が変わってきます。本モデル規約では、「加工」の定義を「対象データを加工、編集、統合［、分析］［等］すること」としていますが、プラットフォームごとに「分析」も含めるか、その他の改変も含めるかなどを設定して、定義

する必要があります。特に、加工の概念は抽象的ですので、「派生データ」の範囲については具体的な加工方法に基づいて検討する必要があります。例えば、対象データからAIの学習用データセットを作成する場合は「加工」や「編集」に該当することが多いと思われますが、学習済みAIが対象データを分析して得られた結果（元となる対象データに復元することが不可能なもの）まで含めるためには、明確化のためにも「分析」を入れておくことが考えられます。また、派生データの定義を広げるために「等」を加えておくことも考えられますが、その範囲が不明確になってしまいますので、できるだけ具体的な方法で記載しておくことが望ましいといえます。利用規約の規定だけでなく、データの加工の具体例を示したQ&A等をプラットフォーム上で公表して、明確にしておくことも考えられます。なお、派生データについては、11条で定める利用条件に従うことになります。

　派生データの範囲に関しては、加工の程度によって、派生データとすべきか否かを分ける（それによって利用できる範囲を変える）ということも考えられます。例えば、①対象データから自社に必要なデータのみを抜き出して作成したデータベース（対象データとの同一性あり）と、②対象データを学習済みAIにより分析して得られた結果のデータ（対象データとの同一性なし）のいずれも、特に限定をしなければ上記の定義で派生データに含まれると解される可能性がありますが、①と②のデータを同一の取扱いとしてよいか、どのような派生データについて利用を制限する必要があるかについては、プラットフォームの参加者や目的との関係で慎重に検討する必要があります（第2章【図表2-1】「元データと派生データ」参照）。対象データとの同一性がないものや、対象データを提供した者が特定できない程度に改変されたデータであれば、派生データとして利用を制限する必要はなく、自由に利用できるとすることも考えられます。本モデル契約2条4号のように、「派生データには、対象データを解析又は分析して得られた知見又はノウハウは含まない」として明確にしておくこともありますし、匿名性が確保できているもの（誰が提供したかがわからないようになっているもの）や、統計データであれば、派生データには含まれないとすることも考えられます。

　なお、本モデル規約では、本モデル契約と同様に、規約全体において対

象データおよび派生データの2つを逐一言及していますが、これらを1つにまとめて、「対象データ等」（7号）と定義することも考えられます。

(5) 利用（8号）

「利用」の定義では、利用、使用に加えて、「加工、開示、利用許諾、移転、譲渡、処分等」を記載しており、具体的な範囲は、11条の利用条件で定めることを想定しています。もっとも、自社内での利用に限ることを前提とし、対象データも派生データも第三者に提供することが想定されない場合には、「自社内での利用・使用」というように利用の定義で限定してしまうことも考えられます。ただし、その場合には、「加工、開示、利用許諾、移転、譲渡、処分等」をしてはならないということを、利用条件で別途規定しておく必要があります。

3　利用契約の成立および会員登録

> 第3条（本利用契約の成立及び会員登録）
> 1．本プラットフォームの利用を希望する申込者は、本規約に同意した上で、運営者所定の方法により本プラットフォーム上で本サービスの利用契約（以下「本利用契約」といいます。）及び会員登録の申込を行うものとします。
> 2．運営者は、前項の申込を受けた場合、運営者所定の審査によって、申込者が会員となることを承諾したときは、申込者に対して、申込を承諾する旨の通知を発信するものとします。
> 3．前項の承諾の通知を発信した時点で、運営者と申込者との間で本利用契約が成立し、会員登録が完了します。

3条では、利用契約の成立と会員登録の手続として、プラットフォームの参加希望者による申込みと運営者の承諾を定めていますが、プラットフォームの参加者をどの範囲に設定するかは、当該プラットフォームの目的、取り扱うことを想定しているデータの種類・性質等によって大きく異なることになります。そのため、プラットフォームの目的に応じて、利用規約における会員資格（4条参照）や入会方法を定める必要があります。プラットフォーム参加者の範囲については、例えば、B to Bのプラットフォームでは以下のようなものが考えられます。

① 事業範囲等の制約もなく、拒否事由のない限り参加を認めるオープン型のプラットフォーム
② 参加を希望する者は、既存の参加者全員または一定割合の承諾・賛同を得なければならないとするクローズドなプラットフォーム
③ 一定の事業に携わっている事業者であれば拒否事由のない限り参加を認める①と②の中間的なプラットフォーム
④ データを取得・収集できる者は一部の事業者に限られることからデータ提供者は限定されるものの、提供されるデータは汎用性のあるものであるため、データ利用者は広い範囲の事業者となる場合のように、データ提供者とデータ利用者の参加資格が異なるプラットフォーム

本モデル規約では③を想定していますが、プラットフォームの参加者の範囲を検討する上での1つの重要なポイントは、プラットフォームにおけるデータ共有によって実現しようとする目的のために必要な種類・量のデータをできるだけ多く提供してくれるデータ提供者の確保です。質の良いデータを多く提供するデータ提供者が参加していれば、プラットフォームの利用価値が高まり、ネットワーク効果により、データ提供者・データ利用者が増えていき、それによってさらにプラットフォームの利用価値が高まることが期待できます。

もっとも、現状としては、データ提供者とデータ利用者の範囲が同じプラットフォームの場合（つまり、自らがデータを提供する立場にも、データを利用する立場にもなる）であっても、他社のデータは利用したいと考える事業者は多いものの、自らのデータを提供することには消極的な事業者が多いように思われます。

この点に関しては、データのオープン・クローズの戦略の観点から、データ提供者としては、自己の保有するデータのうち協調領域のデータ（自社の競争力には影響を及ぼさず、オープンにしてもかまわない情報）と競争領域のデータ（自社の競争力の源泉となる秘密にしておきたい情報）を分けて、協調領域のデータは積極的に提供することが期待されます。このようなオープン・クローズ戦略をデータ提供者に効果的に実行してもらうためには、利用規約を通じて、提供されたデータの利用範囲の設定を工夫する

こと（パブリック・データとプライベート・データの分類や、派生データの範囲を含む）や、データ提供者に対して適切なインセンティブを付与すること（データ提供者が、他のデータ提供者が提供したデータを利用する際に、利用料金に充当できるポイントの付与等）を含めて、利害関係をうまく調整することが極めて重要となります。

　なお、上記④のタイプのプラットフォームでは、汎用的な利用価値のある情報（例えば、天気情報や地形情報等）を大量に保有している民間事業者がデータを提供する場合（【図表3-5】の甲）もあれば、国や地方公共団体等が保有する官データの提供を受ける場合（【図表3-5】の乙）もあり得ます。また、プラットフォームのデータを利用する関係者として、AIなどを活用してデータ分析の委託を受けるAIベンダがデータの提供を受けて利用することもあり得ます（【図表3-5】のA）。そのような場合には、データ提供者とデータ利用者が一致しないことになり、これらの第三者や国等との関係は通常のデータ提供者・データ利用者との関係とは異なるため、画一的な利用規約とは別の契約を締結することが多いでしょう。さらに、プラットフォームの参加者として、他のデータプラットフォームが登場することもあり得ます（データ流通プラットフォーム間の相互連携）。この場合には、メタデータ（提供データの所在、種類、名称等の情報）を集約したデータカタログやカタログ用のAPIを準備する必要がありますので、当初から他のプラットフォームとの連携を想定している場合には、その調整も事前に行っておくことが望ましいといえるでしょう[注11]。

4　会員資格

第4条（会員資格）
　本プラットフォームの会員資格は以下の各号のとおりとし、前条の申込者がいずれかを満たさないときは、運営者は会員登録の申込を承諾しない場合があります。
　(1)　過去に運営者から本利用契約若しくは本規約を解約され又は会員登録の申込を拒絶されたことがないこと

注11）データ契約ガイドライン91頁、IoT推進コンソーシアム・総務省・経済産業省「データ流通プラットフォーム間の連携を実現するための基本的事項」参照。

> (2) 会員登録の申込みにおいて、申告事項に事実に反する記載又は重要な事実に関する記入漏れがないこと
> (3) 本利用契約及び本規約に基づく義務の履行を怠るおそれがないこと
> (4) 反社会的勢力（第27条第1項に定義されます。）に属する者又は第27条第2項各号に該当する者でないこと
> (5) その他会員登録を承諾することが不適当であると運営者が認める事由がないこと

　4条は、プラットフォームの参加者の範囲を画するための規定であり、会員登録の要件として、一定の会員資格を定めて、これらのうちいずれか1つでも満たさない場合には、会員登録の申込みを承諾しない場合があるとして、登録拒否事由となっています。

　4条1号から4号までの要件を満たさないことは例外的な場合と考えられますが、他にも、ある事業の業界関係者だけでクローズドなプラットフォームを構築するような場合には、2条1項の本目的の定義や会員資格を限定しておくことになります。

　これらの要件に加えて、4条5号では「その他会員登録をすることが不適当であると運営者が認める事由がないこと」というバスケット条項を規定しています。これは、1号から4号までの個別の承諾拒否事由には該当しないものの、プラットフォームに参加させることが不適切と考えられる場合がある一方で、それをすべて想定して列挙しておくことは困難であることから定めているものです。

　もっとも、5号のようなバスケット条項を恣意的に運用して、特定の競争事業者を排除するような参加者の選定をした場合には、市場の競争状況等によっては、不公正な取引方法（取引拒絶）や排除型私的独占として独占禁止法違反となり得る点に注意が必要です。すなわち、独占禁止法上、「正当な理由がないのに、競争者と共同して、……ある事業者に対して、供給を拒絶し、又は……他の事業者に、ある事業者に対する供給を拒絶させ」る行為や（独禁2条9項1号）、「不当に、ある事業者に対し取引を拒絶し……又は他の事業者にこれらに該当する行為を行わせる」行為（同項6号、一般指定第2項）等を行い、「公正な競争を阻害するおそれ」（公正競争阻害性）が認められる場合には、違法となります。この点に関しては、

業務提携検討会報告書においても、サプライチェーン間でのデータ共有により効率化を図ろうとするタイプのデータ連携（冒頭の類型②）について、以下のような点が問題となり得るという指摘がなされています[注12]。

① データ共有基盤への接続拒絶
② データ共有を通じた共同行為（各取引段階において複数の競争者が参入するため、数量、取引先等の競争上重要な情報の共有が協調的な行動を助長するリスクが高い）
③ 共有データの一方的帰属・利用に係る制約

したがって、例えば、複数の競争事業者がプラットフォームを構築するような場合で、参加者の市場シェアの合計が高い場合には、ある特定の参加者のみの参加を恣意的に拒否することは、独占禁止法との関係で問題が生じるおそれがありますので、慎重に対応する必要があるでしょう。

なお、本モデル規約は主にB to B（企業間）での産業データの共有を念頭に置いて作成していますので規定していませんが、個人がプラットフォームに参加することが想定される場合には、未成年者・成年被後見人・被保佐人・被補助人について、親権者等の法定代理人の同意を得ていない場合を、登録拒否事由として記載しておくことが考えられます。また、未成年者が、法定代理人（親権者または後見人）の同意を得ないで行った契約の申込みは、電子契約の申込みであっても、原則として取り消し得るとされていますので（民5条1項・2項）、取引の性質上未成年者による申込みがどの程度予想されるかや、取引の対象、金額等から考え得る取消しによるリスク、システム構築に要するコストとのバランス等を考慮して、申込者の年齢確認および法定代理人の同意確認のために適当な申込受付のステップを検討することが必要となります[注13]。

注12）業務提携検討会報告書59頁以下参照。
注13）電子商取引準則57頁以下参照。

5　登録事項の変更

> 第5条（登録事項の変更）
> 1．会員は、会員としての登録事項に変更がある場合には、運営者所定の方法により、速やかに運営者に対して変更事項を通知するものとします。
> 2．会員が前項に従った通知を怠ったことによる運営者からの通知の不到達その他の事由により会員が損害等を被った場合であっても、運営者は一切責任を負わないものとします。

　5条では、会員の登録事項の変更について、運営者に通知する義務を定め、当該通知義務の違反により被った損害については運営者は一切責任を負わない旨を定めています。住所やメールアドレス等の連絡先の変更が運営者に通知されなかったことにより、重要なお知らせが会員に届かずにトラブルになることもあり得ます。典型的には、運営者は事前に会員に通知の上で、定期点検を行うために本サービスの提供を一時的に中止することや（22条参照）、利用規約の内容を変更したりすることがありますので（24条参照）、登録事項の連絡先を変更せずにそれらを知らずに損害等を被った会員に対して、運営者は責任を負わないことを明確にするものです。

6　プラットフォームの利用許諾

> 第6条（本プラットフォームの利用許諾）
> 1．運営者は、本利用契約が成立し、会員登録を完了した会員が、本利用契約及び本規約に定めるところに従い、本プラットフォームを利用することを許諾します。
> 2．会員は、本プラットフォームを利用する際には、運営者が別途設定するID及びパスワードを用いるものとします。
> 3．運営者が本プラットフォーム及び本サービスの提供にあたり使用する知的財産権は、全て運営者に帰属します。
> 4．運営者は、本利用契約又は本規約に定めるものを除き、会員に対して本プラットフォーム及び本サービスに係る権利に関して譲渡、許諾するものではありません。

　6条では、運営者が会員に対してプラットフォームの利用を許諾する旨を定めています。また、プラットフォームの利用を許諾したからといっ

て、運営者が保有する知的財産権についてまで会員に譲渡等するものではないことから、プラットフォームおよびサービスの提供に関する運営者と会員の権利関係について明確にしています。

なお、会員がプラットフォームに提供する対象データに関する知的財産権の取扱いについては、8条に規定しています。

7　委託

> 第7条（委託）
> 　運営者は、会員に対する本プラットフォーム及び本サービスの提供に関して必要となる業務の全部又は一部を、本目的の範囲内で運営者の判断にて第三者に委託することができます。この場合、運営者は、委託先に関する情報を本プラットフォーム上で公表するとともに、委託先に当該委託業務の遂行について本利用契約及び本規約所定の運営者の義務と同等の義務を負わせるものとします。

7条は、運営者がプラットフォームおよびサービスに係る業務を第三者に委託する場合の取扱いについて定めています。3条の解説で述べたように、主にプラットフォームに実装するAIシステムについて、AIベンダにAIシステムの開発やデータの解析を委託するような場合を想定した規定になりますが、第三者にプラットフォームの運営全体を任せることが効率的な場合もあることから、業務全部の委託も含めています。本条により、運営者は、個々の会員の同意を取得することなく、業務の全部または一部を第三者に委託することができますが、委託先の第三者は利用規約と関係なく運営できるわけではなく、運営者は、委託先に関する情報を会員に対して公表するとともに、自らの義務と同等の義務を委託先に負わせることにより、利用規約の規律を保つことが必要となります。

これに対して、クローズドなプラットフォームの場合で、運営者自身がプラットフォームの運営をすることが当該プラットフォームの目的からして重要な場合には、以下のように運営者がプラットフォームおよびサービスに係る業務の全部または一部を第三者に委託することはできない旨の定めておくことになります。

第3章　データ共有プラットフォーム利用規約の解説

> 第○条（委託の禁止）
> 　運営者は、会員全員の承諾があった場合を除き、本プラットフォーム及び本サービスの提供に関する業務の全部又は一部を、第三者に委託してはならないものとします。

8　対象データの提供

> 第8条（対象データの提供）
> 1．データ提供会員は、運営者が別途定める提供方法に従って、本プラットフォームに対象データをアップロードすることにより提供できるものとします。なお、データ提供会員は、対象データの全部又は一部を改ざんして、本プラットフォームに提供してはならないものとします。
> 2．データ提供会員は、自らが提供した対象データに関して著作権その他の知的財産権を有する場合には、当該会員と運営者との間で特段の合意がない限り、当該知的財産権について、当該会員から運営者及び他の会員に対して、本目的の範囲内において非独占的に利用することについて、本規約に基づいて許諾がなされているものとみなされることに同意します。
> 3．データ提供会員は、運営者及び他の会員による前項に定める対象データの利用について、人格権を含む知的財産権を行使しないものとします。
> ［4．データ提供会員は、自らが提供する対象データの中に第三者が有していたデータ（以下「第三者データ」といいます。）が含まれる場合には、あらかじめ当該第三者に対して本規約の内容を提供し、別紙○の書式により、第三者データを本規約に基づき利用し、かつ利用許諾をする権限を当該第三者から取得しなければならないものとします。］

　8条では、プラットフォームへのデータの提供方法に関するプロトコルは別途運営者が定めることとした上で、みなし利用許諾の規定および第三者からの利用許諾権限の取得に関する規定を設けています。

(1)　プラットフォームへのデータの提供方法（1項）

　データ提供者がプラットフォームに提供するデータについては、データ項目、フォーマット（データ形式）や容量等を含めて、データを提供する際の手順を明確に定めておく必要があります。これらを本モデル規約の別紙で定めておくことも考えられますが、技術的なことも含まれることが想定されます。そのため、本モデル規約では「運営者が別途定める提供方

法」として、別途プラットフォーム運営者が提供方法のプロトコルを定めて、プラットフォーム上で公表することを想定しています。

(2) 対象データの種類

一般に、プラットフォームに提供されるデータの種類としては、生データ・加工データ・分析データ、過去の実績データ・リアルタイムデータなどがありますが、プラットフォームの目的や参加者によって、どのような種類のデータが必要となるかは異なります。また、提供されるデータがいくら多くても、データが保存されているファイル形式等のフォーマットが揃っていない場合には、効果的な分析はできず、データの整理に多くの時間と費用を費やしてしまうことにもなりかねません。したがって、提供されたデータをデータ利用者が効果的に利用するために、プラットフォームに提供されるデータの形式を参加者間で統一しておくことも重要となります。そのため、どのようなデータがどのような形式で提供されるかについて、あらかじめ定めておく必要があります。

なお、プラットフォームの目的によっては、必ずしもデータ提供者がデータの整理をしてから提供する必要はなく、データ提供者は生データを提供することとして、プラットフォーム運営者が自らまたは第三者に委託して、提供されたデータの整理や加工・分析を行った上でプラットフォームに提供するということも考えられます。その場合には、データの整理・分析の委託先なども含めて、プラットフォーム運営者の役割を利用規約にも明記しておくことになります。

(3) 対象データの範囲

(A) オープン・クローズ戦略

前述のデータの種類と同様に、どの範囲のデータをプラットフォームで取り扱うかについても、プラットフォームの目的や利用者によって異なりますが、異業種間でのデータ共有によってこそさまざまなイノベーションが生まれ、これまでになかったサービスや商品が生み出されることが多く、積極的にデータをオープンにして、データ流通・利活用が促進されることが期待されます。

プラットフォームにできるだけ多くのデータを提供してもらってデータの利活用とイノベーションを促進する観点からは、自社が保有するデータ

を、オープンにして共有してもかまわない協調領域と、ビジネス上の競争力を確保するためにオープンにしない競争領域に分けるという、データのオープン・クローズ戦略を検討することが重要になります。どのようなデータをオープンにするかの判断要素としては、例えば、以下のような事項が考えられます。

① 企業の競争力の源泉か
② 秘密情報か
③ データの価値
④ データの集積度
⑤ 開示することによって受けられるメリット・対価
⑥ 開示することで、自社が利用できるデータが増えるか
⑦ データ収集の仕組みが他社に真似できないものか
⑧ 他社が容易に取得できるデータか
⑨ 他社にとって有益な情報か
⑩ プライバシーデータを含むか

できるだけ多くのデータをプラットフォームに集められるように、以上のような観点からの対象データの範囲の設定と、データの利用目的・条件、対価の支払の有無やデータの削除要求の可否等を含めて、データ提供者とデータ利用者の利害調整や適切なインセンティブの付与（例えば、多くのデータを提供すれば、利用料金が割引される等）を検討する必要があります。

(B) 独占禁止法との関係

上記のオープン・クローズ戦略を検討する際には、独占禁止法との関係にも注意しておく必要があるでしょう。データの集積と利活用は、それ自体としては競争促進的な効果があり、競争政策上は望ましいと考えられていますので、基本的には独占禁止法上問題となることはありません。ただし、一定の場合には、市場における競争制限的な効果が生じ得ることから、気をつけておく必要はあります。例えば、同業者同士が参加するプラットフォーム上に、センシティブデータ（例えば、製品別の価格〔単価〕・生産数量・販売数量、製品別の損益状況〔製造原価・原材料費等のコスト情報〕）を提供し、プラットフォームを通じた情報交換を行うことによって、「不当

な取引制限」（独禁２条６項）（いわゆるカルテル）として独占禁止法上問題となることがあり得ます。

　「不当な取引制限」とは、事業者が、他の事業者と共同して対価を決定・維持したり、引き上げたりすること、または数量・技術・製品・設備や取引の相手方を制限する等して相互にその事業活動を拘束・遂行することにより、公共の利益に反して、一定の取引分野における競争を実質的に制限することをいいます。典型的には、現在の商品の価格を引き上げようとする価格カルテル（一定の確定価格への値上げ、一定の確定額の値上げ、一定の比率の値上げ、目標価格の設定など）ですが、そのほかにも数量制限カルテル（競争事業者同士で、商品の生産数量や販売数量を制限するもの）、市場シェアカルテル（同一製品を製造販売する複数のメーカーにおいて、各メーカーごとの製品について毎年の市場シェアを協定するもの）、市場分割カルテル（競争事業者同士が、商品を販売する地域を指定し合うもの）などがあります。前述の通り、業務提携検討会報告書においても、データ共有を通じた共同行為（各取引段階において複数の競争者が参入するため、数量、取引先等の競争上重要な情報の共有が協調的な行動を助長するリスクが高い）が問題となり得ることが指摘されています。

　日本の独占禁止法上は、データの共有・情報交換がそれだけで直ちに違法となるわけではありませんが、業界横断的なデータ連携を行う場合には、競争環境が重畳的に生じることになるため（例えば、各製造業者と各物流業者のそれぞれのレイヤーでは別の競争環境にあったり、それらが複合した競争環境にある業界も少なくない）、どの事業者の間で、どこで、どのように競争環境が生じるかを把握・分析しておくことが重要になるでしょう。その上で、特に、ある程度自由に価格、品質、数量、その他各般の条件を左右できるような市場支配力を有する同業者が参加するプラットフォームでは、センシティブデータの交換だけでなく、それが推測されるデータのやりとりがなされないよう、また、そのような行為を行っていると疑いがかけられないよう、データの粒度を粗くしたり、統計情報にする等してセンシティブデータがわからないようにする手段を講じておくことや、プラットフォームのシステム設計（不正なアクセスを防止したり、後に問題となった場合にセンシティブ情報の交換がなされていないことを立証するために、アクセ

【図表3-6】業界横断型物流情報連携プラットフォーム

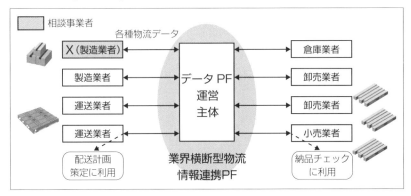

＊データ契約ガイドライン別添2・6頁。

スログを保全して証拠として提出できるようにしておく等）や人員配置を含めて、適切な情報遮断措置を講じておくことが必要となる場合もあります。

(C) **具体的検討**

このようなオープン・クローズ戦略と独占禁止法の観点から、具体的な事例で考えてみましょう。【図表3-6】は、製造業者、配送業者、卸売業者、小売業者、倉庫業者などが参加する業界横断的な物流情報を連携させるプラットフォームの例です。このプラットフォームを用いて、物流の効率化を図るための情報を各社が提供する場合について検討してみます[注14]。例えば、配送する製品にRFID（radio frequency identifier：電波を用いた非接触型の個別識別子）を付けた上で、製品を追跡できるように設計する場合に、どのような情報をプラットフォームに提供する必要があり、また、提供することができるでしょうか。

プラットフォームの目的が、データを一元的に管理して配送効率を高めるということであれば、非常に単純化すると、出荷する側（製造業者や卸売業者）は、どのくらいの大きさの積荷がいくつあるかというデータを提供し、運送業者はトラックの積荷状況（どの程度の空きがあるか）という

注14）データ契約ガイドラインで紹介されている事例としては、生活用品の物流における製品を載せるパレットの回収率を上げるとともに、伝票によるパレット管理を廃止して効率化する仕組みとしてのプラットフォームが想定されている。

データを提供すれば、どのトラックにどの積荷を積めば効率的に運べるということのマッチングをすることはできるでしょう。この場合に、何の製品が積荷に入っているか、その単価や数量等のデータは運送業者にとっては不要でしょうし、製造業者としても競争領域の情報として提供したくない情報と思われます。また、独占禁止法の観点からも、同業の製造業者が参加しているプラットフォーム上で、製造業者にとってセンシティブデータとなる製品の単価や数量の情報を共有できるとなると、カルテルのおそれが生じることもあり得ます。したがって、競争関係にある事業者が、同一のプラットフォームに参加する場合には、価格や販売数量等の情報について競争事業者間で共有しないことや、製品別の価格や販売数量が予測できるようなセンシティブデータのやりとりがプラットフォーム上でなされないような仕組みを構築したり、データの粒度を粗くして製品ごとの情報がわからないようにするなどの工夫が必要となります。

この点に関して、公正取引委員会が公表している「独占禁止法に関する相談事例集（平成29年度）」[注15]においては、家電製品メーカー6社が将来的な物流業務の共同化の実現性およびそのスキームを検討するために各社の物流業務に係る情報[注16]を共有するという事例について、独占禁止法上問題となるものではないと回答しています。これは、家電製品の販売価格に占める各社の物流経費の割合（共同化割合）が5％と小さいことに加えて、「家電製品の価格又は数量に関する情報は共有しないこと」および「共同配送の可否等の検討は限られた部門・人員で行われ、検討に必要な情報は当該部門・人員内のみで共有されるよう適切な情報遮断措置が講じられること」（相談事例8参照）がその根拠とされています。

また、「独占禁止法に関する相談事例集（平成30年度）」[注17]においても、運送業者11社が高速道路を利用する幹線輸送の一部区間において大型の

注15) https://www.jftc.go.jp/dk/soudanjirei/h30/h29nendomokuji/index.html
注16) ①各在庫拠点の納品先の名称および納入条件、配送業者の名称および契約条件、②各在庫拠点において保管・配送する家電製品の容積、③各在庫拠点における家電製品の大きさ（大・中・小）ごとの荷役、保管および配送の原価、④家電製品の引渡方法、納品伝票の様式等。
注17) https://www.jftc.go.jp/dk/soudanjirei/r1/h30nendomokuji/index.html

貨物自動車による共同輸送を実施するという事例について、独占禁止法上問題となるものではないという判断がなされています。その理由の1つとして、「11社の間で共有される情報は、共同輸送を行う上で必要最低限の情報に限定され、顧客との輸送契約のうち、荷主の名称、運賃の水準、貨物の具体的な内容や最終的な発着地等に関する情報は共有されないため、重要な競争手段に関する情報が競争者の間で共有されない」（相談事例8参照）ということが挙げられています。

なお、データの収集・利活用と独占禁止法との関係については、公正取引委員会・競争政策研究センターが公表した「データと競争政策に関する検討会　報告書」（平成29年6月6日）[注18]および経済産業省が公表した「第四次産業革命に向けた競争政策の在り方に関する研究会　報告書」（平成29年6月28日）[注19]において網羅的に検討されています。また、プラットフォームでのデータ共有に関しては、業務提携検討会報告書において、本章の冒頭に掲げた類型別に独占禁止法上の問題点が詳細に検討されていますので、独占禁止法の観点からデータ取引を検討するに当たって参考になるでしょう。

⑰　シェアード・データとプライベート・データの分類

上記のように、プラットフォームの目的や、参加者に応じて、どのデータを共有する／しないという判断が変わってきますので、オープン・クローズ戦略や独占禁止法との関係を考慮しつつ、プラットフォーム上で提供・利用されるデータの範囲を設計段階で慎重に決めていくことになります。その際には、競争領域にあるデータとしてデータ提供者が提供したくないと考えるデータや、競争事業者が利用すると独占禁止法違反（カルテル）のおそれが生じるようなデータを、最初からプラットフォーム上に提供しない／できないシステムを構築することや、プラットフォーム上に提供することはできても、アクセス権を制限することによって、システムの設計上そのデータにアクセスして利用することができる参加者を限定することが考えられます。

注18）https://www.jftc.go.jp/houdou/pressrelease/h29/jun/170606_1.html
注19）https://www.meti.go.jp/press/2017/06/20170628001/20170628001.html

また、データ提供者からプラットフォーム上に提供されるデータを、「シェアード・データ」と「プライベート・データ」に分けた上で、シェアード・データはプラットフォームの参加者全員が利用できることとし、プライベート・データは競争事業者でない者等の一定の限定された者のみがアクセス・キーを取得して個別に提供を受けることができるようにする、あるいは、提供されたデータを運営者が統計データにした上で参加者に提供するという取扱いにすることも考えられます（2条の解説(3)参照）。
　このプライベート・データという枠組みを用いる場合には、①プラットフォーム運営者が一切のプライベート・データに対するアクセス権限が付与されないスキームと、②プラットフォーム運営者にプライベート・データに対するアクセス権限が付与されるスキームが考えられます。
　スキーム①を採用する場合には、プライベート・データの共有に関しては、プラットフォーム運営者はデータ取引の場を提供しているだけであり、データ提供者とデータ利用者の間で、個別のデータ利用契約の合意がなされることになります。他方で、スキーム②の場合には、他のデータと変わらず、利用規約に基づきプラットフォーム運営者とデータ提供者・データ利用者それぞれとの間の契約関係が生じることになります。なお、いずれの場合であっても、競争事業者にセンシティブデータが提供されないように、プライベート・データの提供を受けたデータ利用者が第三者への提供はできないようにしたり、データ提供者・利用者から運営者への出向者等（プライベート・データに触れることが可能な者）がいる場合には、データ提供者・利用者に当該出向者等が運営者において取得した情報が環流しないような人員配置のルールや情報遮断措置等の手当てをしておく必要がある点には注意が必要です。

　本モデル規約ではシェアード・データとプライベート・データの区分を設けていませんが、区分を設ける場合には、以下のような規定になります（8条1項の「運営者が別途定める提供方法」において、シェアード・データとプライベート・データそれぞれについて、プラットフォームへの提供方法を定めておくことを前提としている）。これは、スキーム②を前提に、プライベート・データを提供する場合のアクセス・キーのやりとりについて規

定するものです。なお、上記①②いずれのスキームでも、どのようなプライベート・データが利用できるのかについて、その項目や量など、データ利用者が提供を受けるか否かを判断できる程度の情報はプラットフォーム上でわかるようにしておく必要があります。また、利用条件についても、シェアード・データとプライベート・データの区分を分けて設定することになりますので、11条の解説(6)を参照してください。

> 第○条（プライベート・データのアクセス・キー）
> 1．データ利用会員は、プライベート・データを利用することを希望する場合には、所定の方法により、運営者を通じてデータ提供会員に対してアクセス・キーの通知を申請するものとします。
> 2．前項に基づき特定のデータ利用会員からアクセス・キーの通知の申請を受けたデータ提供会員は、自らの責任において運営者に対して要請し、運営者が発行するアクセス・キーを当該データ利用会員に通知することによって、プライベート・データを当該データ利用会員の利用に供することができるものとします。
> 3．プライベート・データを加工して作成された派生データについてもプライベートデータとしますが、統計データについてはシェアード・データとします。但し、プライベートデータを提供したデータ提供会員が所定の方法により異議を述べた場合にはこの限りではありません。

なお、プラットフォーム上のデータが、不正競争防止法における「限定提供データ」として保護を受けるためには、データ利用者は、多数であってもかまいませんが、特定されている必要があります。したがって、プラットフォーム上のデータを保護するためには、特定のデータ利用者のみが利用できる状態にしておく必要があります。

(4) 対象データの知的財産権

(A) 利用許諾（2項）

8条2項から4項では、対象データの知的財産権の取扱いについて定めています。データについて発生し得る知的財産権としては、以下のものが考えられます[20]。

① 営業秘密に係る権利

注20) データ契約ガイドライン90頁。

② 著作権(例えば、提供データが創作性のある画像や動画の場合、データベースの著作物の場合、キャラクターフィギュア等の３Ｄデータの場合)
③ 意匠権(例えば、提供データが意匠登録された家具の３Ｄデータの場合)
④ 特許権(例えば、提供データが特許権(プログラム等の特許権)を取得したプログラム等の場合)
⑤ 回路配置利用権(例えば、提供データが半導体集積回路の回路配置に関する法律にいう回路配置を記載した図面または写真の場合)

データ取引の文脈において、主に問題となり得るのは著作権ですが、対象データとしてプラットフォームに提供したデータに関して、後から著作権を主張されることとなると、データ利用者がデータの利用に萎縮してしまいます。プラットフォームに提供されるデータについて、データ提供者が著作権その他の知的財産権を有している可能性もある一方で、提供するつど、データ提供者とプラットフォーム運営者との間で個別に利用許諾契約を締結することは極めて煩雑です。また、プラットフォームの設計によっては、データ利用者から第三者にデータを提供することも考えられ、あらかじめ利用許諾が明確になっていないとデータの利用に支障が生じかねません。そのため、本モデル規約では、データ提供者が自らデータをプラットフォームに提供した場合には、当該データ提供者が有している知的財産権の利用許諾を認めたこととする、みなし利用許諾の規定を設けています。

(B) **人格権の不行使**(３項)

知的財産権には、財産権とは異なる人格権を保護するものもあり、著作権と特許権が挙げられます。具体的には、著作者人格権と発明者名誉権のことを指し、これらの人格権は知的財産権の譲渡等によっても移転しませんので、譲渡後であっても著作物の創作者や発明者が行使し得る権利となります。

３項は、上記(A)と同様に、事後的に人格権を行使されて対象データの利用に予期せぬ制約が課されないように、人格権を含む知的財産権を行使しないことを明確にするものです。

(C) **第三者が有していたデータ**(４項)

上記(A)および(B)と同様の観点から、提供するデータが第三者から取得し

たデータである場合には、当該データをプラットフォームに提供してデータ利用者に利用させるためには、データ提供者が、第三者提供を含めて当該第三者のデータを利用できる権限や、プラットフォーム運営者およびデータ利用者に利用許諾を与える権限をあらかじめ第三者から取得しておく必要があります。かかる利用許諾を与える権限を得る方法としては、当該第三者との間で利用許諾契約を締結することになりますが、データ提供者に個別に作成・交渉をさせると条件が不統一になってしまい、利用条件が異なるデータがプラットフォーム上に混在することになる可能性が高いことから、本モデル規約では、別紙で統一フォームを定めておくこととしています。

9　対象データに関する保証

第9条（対象データに関する保証）
1．データ提供会員は、対象データの提供にあたって、運営者及びデータ利用会員に対して、以下に掲げる事項を表明し、保証します。
　(1)　対象データが適法に取得されたものであること
　(2)　対象データに個人情報等が含まれていないこと
2．データ提供会員は、前項に定める事項を除き、対象データの提供にあたって、明示又は黙示の別を問わず、いかなる事項（以下に掲げる事項を含みますが、これらに限られません。）についても保証しないものとします。
　(1)　対象データの正確性
　(2)　対象データの完全性（対象データに瑕疵又はバグがないことを含みます。以下同じです。）
　(3)　対象データの安全性（対象データがウィルスに感染していないことを含みます。以下同じです。）
　(4)　対象データの有効性（対象データの本目的への適合性を含みます。以下同じです。）
　(5)　対象データが第三者の知的財産権その他の権利を侵害しないこと
　[(6)　対象データが継続して提供されること]
3．データ提供会員が第1項の表明保証に違反した場合、又は、以下のいずれかの事由に該当する場合には、データ提供会員は、運営者、データ利用会員若しくは第三者がこれにより被った損害等を補償する責任を負うものとします。
　(1)　データ提供会員が対象データの全部又は一部を改ざんして、本プラッ

> トフォームに提供した場合
> (2) 対象データの正確性、完全性、安全性、有効性のいずれかに問題があること、又は、対象データが第三者の知的財産権その他の権利を侵害していることを、故意若しくは重大な過失により告げずに対象データを本プラットフォームに提供した場合
> (3) 対象データの正確性、完全性、安全性、有効性のいずれかに問題があること、又は、対象データが第三者の知的財産権その他の権利を侵害していることを知ったにもかかわらず、運営者に対して第12条第2項に定める通知を行わなかった場合

(1) 対象データの保証

対象データについて保証する／しないについては、基本的に本モデル契約について述べたところと同様であり、具体的に何をどの範囲で保証できるかまたはできないか（あるいは、効果的なプラットフォームとするためにどのような事項について保証してもらう必要があるか）は、プラットフォームに提供されるデータの種類や利用目的、データの取得方法によっても異なりますので、事案に応じて個別に検討していく必要があります。

(2) 取得・生成の適法性等

9条1項1号では、自らが取得・生成したデータであれば、通常はその取得・生成が適法・適切であることを表明保証することは可能であるはずですので、上記のいずれもデータ提供者に表明保証させることとしています。

この表明保証は、例えば、機器に取り付けるセンサーの製造販売業者が、機器の使用者に無断で機器の稼働状況に関するデータをセンサーを通じて収集して、それをプラットフォームに提供するような場合には、後に機器の使用者との間で紛争になる可能性もあることから規定されているものです。

(3) 個人情報の取扱いの有無

9条1項2号では、プラットフォーム上で取り扱う情報には個人に関する情報が含まれないことを前提に、データ提供者が提供するデータに個人情報保護法上の「個人情報」および「匿名加工情報」が含まれないことを保証させています。

この点に関しては、物流における製品の運搬情報や工場における工作機械の稼働状況、車両走行中のコネクテッド自動車の稼働状況（アクセル、ブレーキの作動状況やエンジン回転数等）や位置情報などのプローブデータのように、一見すると個人情報には該当しないようにも思われるデータであっても、個人に「関する」ものとして個人情報保護法上の「個人情報」に含まれる可能性があることから、プラットフォームの主目的がパーソナルデータの取扱いではなかったとしても注意が必要です。

　すなわち、2015年改正個人情報保護法に関する国会審議において[注21]、「物の状態を示すデータにつきましては、例えば、冷蔵庫とかテレビのような家電製品の稼働状況等を精査、取得したようなものにつきましては、生存する個人に関する情報とは言えず、それ単体では個人情報には該当するものではないと考えております。しかしながら、物を利用する者の氏名等と一緒に取得されている、あるいは、事業者が物の利用者に係る別の個人情報を保有し、容易照合性がある状態になれば、これはまた個人情報に該当するものと考えられます」との回答が政府委員からなされています。つまり、この回答に基づけば、製品の運搬情報や機械の作動状況のデータであっても、運搬ドライバーや機械を利用する作業者の氏名等のデータを保持している者が、それらを紐付けて取得すれば、個人情報に該当することになります。

　また、直接的には匿名加工情報に関するものですが、自動車に搭載したGPS受信機によって取得できる位置情報（移動履歴）について、「詳細な時刻情報と紐付く位置情報の連続したデータからは、ある地点から別の地点への移動の経路のみならず、夜間に同じ場所に滞留している位置情報からは自宅を推定することができ、昼間に同じ場所に滞留している位置情報からは、勤務先や通っている学校等を推定することが可能である」[注22]とされています。これは、移動経路や滞留中の位置情報によって個人を特定することが可能であれば、個人情報に該当することを前提としているように見受けられます。

注21） 2015年5月8日189回国会衆議院内閣委員会。
注22） 個人情報保護委員会事務局レポート「匿名加工情報　パーソナルデータの利活用促進と消費者の信頼性確保の両立に向けて」60頁。

このように個人情報に該当するデータは広範囲にわたる可能性がありますので、個人情報が含まれ得る場合には、個人を特定できるデータとの紐付けを切り離して管理して個人情報ではないものとする[注23]、統計情報とする、あるいは、個人情報保護法上の匿名加工情報とする、オプトアウトの手続を行う、共同利用として共有するなどの方策を検討する必要があります。

　また、情報銀行をはじめとする最近のパーソナルデータの利活用の流れからすると、個人情報等を取り扱うプラットフォームも多く出てくるように思われます。その場合には、データ提供者だけでなくプラットフォーム運営者側も個人情報保護法を遵守する必要がありますので、データ提供者がプラットフォームにデータを提供する際に、プラットフォーム運営者に対して、提供する個人情報等の項目を明示させるとともに、当該個人情報等について、生成、取得およびプラットフォームへの提供等に関して個人情報保護法上の手続を履践していることを表明保証させておく必要があります。また、個人情報等が含まれる場合には、プラットフォーム運営者もプライバシーポリシーを定めてそれに従って取り扱うことが必要となります。

　さらに、プラットフォームに提供されるデータに、海外に所在する個人に関するパーソナルデータが含まれる場合には、現地法の域外移転規制や域外適用についても対応しなければならない可能性がありますので、プラットフォーム運営者や参加者の負担が増加することになります。特に、提供データにEUに所在する個人のパーソナルデータが含まれる場合であって、域外適用を受けることとなる場合には、EUのGDPR（General Data Protection Regulation：一般データ保護規則）による削除権（忘れられる権利）やデータポータビリティ等、パーソナルデータのデータ主体の権利にも対応する必要があります。

　このようにパーソナルデータの有無によって対応が大きく変わってきますので、プラットフォームの目的からして必要がなければ、パーソナル

注23）同一事業者内であっても、独立したデータベースをそれぞれ別の担当者が管理し、社内規程等により容易にアクセスできないような仕組みがある場合には、容易照合性がない（個人情報には該当しない）と解釈できる可能性もあると考えられている。

データは取り扱わないことを明確にしておくことが望ましいといえます。

　また、プラットフォーム上でパーソナルデータを扱う場合であっても、海外のパーソナルデータを扱う必要がない場合には、対象データは日本国内に所在する個人のパーソナルデータに限られる旨を保証させることや、プラットフォームの提供区域が日本国内に限定されることなどを明確にしておくことが考えられます。

　なお、2019 年 8 月 29 日に、公正取引委員会が「デジタル・プラットフォーマーと個人情報等を提供する消費者との取引における優越的地位の濫用に関する独占禁止法上の考え方（案）」を公表し、消費者がデジタル・プラットフォーマーから不利益な取扱いを受けても、デジタル・プラットフォーマーの提供するサービスを利用するためにはこれを受け入れざるを得ないような場合（例えば、消費者が、当該サービスを利用せざるを得ないことから、利用目的の達成に必要な範囲を超える個人情報の提供にやむを得ず同意した場合だけでなく、利用目的が曖昧であったり、難解な専門用語によるものや、利用目的の記載場所が容易に認識できない場合等も含まれる）には、独占禁止法上の優越的地位の濫用に該当する場合があることを指摘しています。ここにいう「デジタル・プラットフォーマー」は、オンライン・ショッピングモール、アプリケーション・マーケット、検索サービス、コンテンツ（映像、動画、音楽、電子書籍等）配信サービス、ソーシャル・ネットワーキング・サービス（SNS）などのデジタル・プラットフォームを提供する事業者をいうとされていますので、これらのビジネスに関して個人情報を取り扱う際には、かかる議論の動向についても注視しておく必要があるでしょう。

(4) データの正確性・完全性・安全性・有効性

　9 条 2 項ではデータの内容については保証しないことを定めていますが、具体的に保証しないこととしている内容として、データの正確性・完全性・安全性・有効性を挙げています。それらの意味するところは、以下の通り、本モデル契約におけるものと同様になります[注24]。

注 24）データ契約ガイドライン 30 頁。

① 正確性：時間軸がずれている、単位変換を誤っている、検査をクリアするためにデータが改ざんまたは捏造されているというような事実と異なるデータが含まれていないこと
② 完全性：データがすべて揃っていて欠損や不整合がないこと
③ 安全性：データがウィルス等に感染していないこと
④ 有効性：計画された通りの結果が達成できるだけの内容をデータが伴っていること

　プラットフォームの目的によっては、データ提供者にこれらの事項について保証させることや、リアルタイムデータなど、タイムリーに利用に供されることで利用価値を発揮するデータについては「時宜性」について保証させること、最新のデータであることが重要な場合には「最新性」について保証させることもあり得ます。

　上述の通り、データの正確性等を保証する／しないについては、目的やデータの種類・範囲によって変わってきます。データ提供者に対してこれらの表明保証を求めるか否かは、プラットフォームの目的、データ提供の対価の有無（有償か無償か）、一旦提供したデータの削除権を有するか否かと併せて、プラットフォームの設計に大きくかかわるものになります。

　例えば、(A)データの量を重視して、できるだけ多くのデータ提供者を集めてオープンなプラットフォームを構築する（データ提供についてのインセンティブを付与するためにデータ提供の対価は有償とし、正確性の表明保証は求めずに、データの削除権は与えない）、あるいは、(B)データの質を重視して、クローズドな範囲でのデータ共有のためのプラットフォームとする（データ提供は無償、データの正確性の表明保証を求めるが、データの削除権は与える）等の観点を踏まえて、全体の設計の中で検討すべきです。

　(A)のタイプのプラットフォームは、できるだけデータの流通量を多くすることを目的とするプラットフォームに向いており、(B)のタイプのプラットフォームは、データ提供者やデータ流通量は限定される一方で、データの正確性が要求されるプラットフォームに向いています。もちろん条件の組合せによってその中間もあり得ます。例えば、データの提供を有償として対価を払うのであるから、正確性についても保証すべきという考え方もあるでしょうし、逆に無償であれば、そのままの状態のデータを提供する

ことでよい("現状有姿"や"as is"と呼ばれる）という考え方もあります。また、データの正確性等については保証しないとしても、正確性等を確保するように最大限努力する（ベストエフォート）という規定を設けることも考えられます。何がロジカルに正しい、望ましいということではなく、データ提供者の確保やインセンティブの向上と併せて、プラットフォームの設計として検討すべき事項となります。

　また、正確性・完全性・安全性・有効性等は、これらすべての項目をセットで表明保証する／しないということではなく、個別に検討する必要があります。例えば、正確性・完全性・安全性については表明保証をするものの、有効性についてはデータ利用者の目的によるところが大きいため保証しないということもあり得るでしょう。また、完全な保証まではできないものの、正確性等を確保するために努力する旨の努力義務を定めておくことも考えられますし、「重大な点において」といった限定や、「知る限り」や「知り得る限り」といった主観的な限定を設けることも考えられます。いずれにしても、それぞれについて表明保証や努力義務を求める場合には、そのプラットフォームの目的やデータの性質との関係で、具体的にどのような範囲で求めるかについてはできるだけ明確にしておく必要があります（ただし、場合によっては、○○に関して重大な点において正確であること、などの抽象的な表現にならざるを得ないこともあり得る）。

(5) 第三者の知的財産権その他の権利の非侵害

　提供されたデータが、第三者の知的財産権を侵害している場合には、データ提供者はもちろんのこと、プラットフォーム運営者やそれを利用したデータ利用者も、知的財産権侵害として損害賠償請求や利用の差止めを請求されてしまう可能性があります。

　この第三者の知的財産権の侵害の有無に関しても、保証／非保証のいずれもあり得ますが、データ提供者自らがこれらの権利を有する第三者から取得したデータであれば、当該データ提供者も認識しているであろうから利用権限を取得する義務を課すことも当然といえますが、データ提供者が認識しないものについても第三者の権利を侵害していないことを保証させるのは酷であるという考え方もあり得るでしょう。他方で、知的財産権にセンシティブな業界においては、権利侵害の可能性があるデータはプ

ラットフォーム上で流通させるわけにはいかないということもあるように思われます。この点もプラットフォームの設計との関係で検討すべき事項ですが、9条2項では、データ提供者にこの点についての保証は求めずに、データを利用する側が自らの責任で利用することとしています。

(6) 継続的なデータ提供

本モデル規約では、25条において、一定期間の事前の通知で会員から利用契約を解約することができるとしていますので、データ提供義務は定めていませんが、プラットフォームの目的によっては、あるデータに関して継続的に提供されることを期待して利用するデータ利用者もいることが考えられます。そのような場合であっても、データ提供者に対して継続的にデータ提供義務を課すものではないことを明確にしておくため、9条2項では、データが継続して提供されることは保証しないこととしています。もちろん、クローズドなプラットフォームなどではデータ提供義務を定めることもあり得ますが、そのような場合は、プラットフォームでの画一的な取扱いより、個別のデータ利用契約を締結して対応すべき場合も多いように思われます。データ提供者のデータ提供義務を定める場合には、提供したデータが利用規約に違反して利用されている場合等に、データ提供者が提供を中止することができる旨を定めておく必要があるでしょう。

(7) 表明保証違反の損害賠償

前述の通り、表明保証事項については、保証する/保証しないのいずれもあり得るところですが、仮に保証しないとした事項であっても、データ提供者が故意または重大な過失によって問題のあるデータをプラットフォームに提供した場合にも責任を免れるということでは、プラットフォームの秩序や信頼性が保てなくなる可能性があります。したがって、そのような場合には、データ提供者にも責任を負わせるべきと考えられます。

このような考え方に基づいて、3項では、運営者やデータ利用者、データ利用者からデータの提供を受けた第三者が被った損害等を補償する責任をデータ提供者に負わせることとしていますが、原則通り、運営者に対してのみ責任を負うとすることも考えられます。

10　利用料金

> 第10条（利用料金）
> 　会員は、運営者が別途定めるところに従い、本プラットフォームの利用料金を支払うものとします。

(1)　データ提供・利用の対価

　データ提供・利用の対価は、プラットフォームの設計との関係で、有償・無償のいずれもあり得ます。この対価をどのように設計するかによって、プラットフォームを通じたデータ利活用が活発に行われるかどうかが左右されます。データの提供に適切なインセンティブを付与し、データ取得のための投資に対する適切なリターンとして利益の分配を行うという意味でも、適正な対価の設定が、プラットフォームの設計のうち最も重要な要素の1つといえます。

　データ提供・利用の対価については、プラットフォーム全体の設計とともにケースバイケースで定められることになりますが、プラットフォームの利用料という形や会員の会費といった形でデータ利用（プラットフォームへの参加自体）を有償とする場合も多いと思われます。データ利用料を徴収する場合には、どのようなデータの利用にいくら支払うかということについて、月単位の固定料金や従量ごとの単価といった形で明確に定めておく必要があります。

　10条は利用料金を定める条項の一例であり、別途料金表をプラットフォーム上で掲示することを想定して、運営者側が別途定める利用料金としていますが、以下のように利用規約で定めておくことも考えられます。

【固定料金の場合】

> ○．会員は、対象データ及び派生データの利用料金として、毎月月末までに月額○円（消費税別）を運営者が指定する銀行口座に振込送金の方法によって支払うものとします。なお、振込手数料は乙の負担とします。
> ○．前項の対象データ及び派生データの利用の対価の計算は、月の初日から末日までを1月分として計算し、会員による対象データの利用期間が月の一部であった場合、日割り計算によるものとします。

【従量課金の場合】

○．会員は、対象データ及び派生データの利用料金として、運営者に対して、別紙の1単位あたり月額○円を支払うものとします。
○．運営者は、毎月月末に会員が利用した単位数を集計し、その単位数に応じた利用料金を翌月○日までに乙に書面（電磁的方法を含む。以下同じ。）で通知するものとします。
○．会員は、前項により通知された利用料金の額に消費税額を加算した金額を、前項の通知を受領した日が属する月の末日までに甲が指定する銀行口座に振込送金の方法によって支払うものとします。なお、振込手数料は乙の負担とします。

また、10条は、プラットフォーム参加者について、データ提供者とデータ利用者の範囲が同一の場合（すなわち、データ提供者が参加者の他社データについてデータ利用者となる場合）を想定して、データ提供者に対してデータ提供の対価としての金銭は支払わないことを前提としています。なお、データ提供者とデータ利用者の範囲が同一の場合には、お互いにデータを提供し合うことで対価とし、データ利用料としても金銭的なやりとりはしないということも少なくないでしょう。その場合には10条は不要となり削除することになりますが、データ利用料としてではなく、プラットフォーム運営のための費用としての会費を会員から徴収することはあり得ます。

なお、データ提供者に対してデータ提供料金を支払う場合や、プライベート・データとシェアード・データを分けて、データ提供料金も異なる設計とする場合には、以下のような規定を定めておくことが考えられます。この場合のデータ提供料の支払のタイミングについては、下記(3)において詳述します。

第○条（データ提供の対価）
1．運営者は、シェアード・データを提供したデータ提供会員に対して、運営者が別途定めるところに従い、データ提供料金を支払うものとします。
2．運営者は、プライベート・データを提供し、かつ○条の通知［注：アクセス・キーの通知］の指示をしたデータ提供会員に対して、運営者が別途定めるところに従い、データ提供料金を支払うものとします。

(2) 対価の種類

対価の種類については、必ずしも金銭に限られません。むしろ、データの価値を金銭的に評価することはそう容易ではありませんので、データそのものに対して個別に金銭的対価が支払われることは、取引全体からみて少ない割合ではないかとも思われます。データ提供の対価としては、金銭ではなく、プラットフォーム上でデータ利用者となるときに利用できるクーポンやポイントとすることや、それらと金銭との併用ということも考えられます。

(3) 支払タイミング

利用料金の支払のタイミングについては、月額固定料金であれば、毎月特定の日を支払日として指定することになりますが、データ利用者が個別のデータ利用について運営者に対して対価を支払うこととなる場合には、いつ対価を支払うこととするか、対価支払のタイミングも検討する必要があります。

また、運営者がデータ提供者に対してデータ提供の対価を支払う場合に、上記(1)のプライベート・データとシェアード・データを分ける場合の条項例では、シェアード・データについては、データ提供者によるデータ提供時に運営者がデータ提供の対価を支払うことを前提としています（かかる規定は、データ提供者とデータ利用者が直接の契約関係に立つのではなく、データの提供・データの利用のいずれについても運営者がデータ提供者・データ利用者それぞれとの契約当事者となることを前提にしている）。

これに対して、プライベート・データについては、いつでもプラットフォームから削除することを要求する権利を与えることを前提に、データ利用者にアクセス・キーを通知することの指示を出した後に支払うという規定になっています（8条の解説(3)(D)における「プライベート・データのアクセス・キー」の条項例および12条の解説におけるプライベート・データに関する「対象データの削除」の条項例参照）。

なお、シェアード・データについては、プラットフォームへの提供時に支払うこととしていますが（つまり、シェアード・データに関しては、売切りの設計であり、どれだけ当該データについてデータ利用者が利用料金を支払っても、提供の対価は一定となる）、データの削除権を与える一方で、

データ利用者が利用するたびに、その一定割合をデータ提供者に対して支払うという設計もあり得ます。その場合には、データ提供者とデータ利用者の各取引が紐付くことになりますので、取引の場を提供するにすぎないデータ取引所の設計に近づくことになります。ただし、データ提供者によるシェアード・データの自由な削除権を認める場合には、プラットフォーム上で流通するデータの量が急激に減少する可能性もある点には注意が必要になります。

(4) 資金決済法との関係

本モデル規約が想定しているスキームではありませんが、プラットフォームがデータ提供者とデータ利用者の仲介をするにすぎないデータ取引市場の場合であって、データ取引の決済サービスも提供する場合には、資金決済法上の資金移動業に該当しないように注意する必要があります。現状では、収納代行サービスは資金移動業には該当しないと考えられていますが、金融庁が設置する金融審議会金融制度スタディ・グループの報告書[注25]において、資金移動業の規制範囲についての議論がなされており、今後の動向に注視しておく必要があります。

11 対象データ・派生データの利用条件

第11条（対象データ・派生データの利用条件）
1．データ利用会員は、［本目的の範囲内及び］別紙○に定める利用条件により、対象データを利用することができるものとします。
［2．前項の利用条件に基づき対象データを加工を行った者（以下「データ加工者」といいます。）は、当該加工によって得られた派生データを前項の利用条件と同様の範囲で利用することができるものとし、派生データの作成に関して当該データ加工者が新たに創出した著作権その他の知的財産権を受ける権利は、当該データ加工者に帰属するものとします。］
3．データ利用会員は、前［二］項により認められた利用条件を超えて、対象データ［及び派生データ］を利用してはならないものとします。
［4．運営者は、対象データを加工することができるものとし、当該加工に

注25) 2019年7月26日に公表された「『決済』法制及び金融サービス仲介法制に係る制度整備についての報告≪基本的な考え方≫」(https://www.fsa.go.jp/singi/singi_kinyu/tosin/20190726/houkoku.pdf) 参照。

第3章　データ共有プラットフォーム利用規約の解説

> より生じた派生データを、本プラットフォーム上で対象データとして提供することができるものとします。この場合には、かかる派生データに係る著作権その他の知的財産権は、運営者に帰属するものとしますが、データの提供に係る第8条及び第9条の規定が準用されるものとします。］

(1) 利用条件の設計

データは、著作権等の知的財産権が成立する場合を除き、契約で定めない限り、基本的には、現にアクセスできる者が自由に利用することができますので、利用規約においてデータの利用条件を明確に規定しておく必要があります。プラットフォーム型のデータ共有においては、利用者が多数となることが想定されますので、二当事者間のデータ提供契約と比較して権利関係が複雑となる傾向にあります。そのため、データの利用方法・利用範囲については慎重な制度設計が求められます。

データの利用条件は、プラットフォームの目的等に応じて、さまざまなパターンがあり得ますが、一般論としては、以下の事項の全部または一部を組み合わせる形で規定されることが多いでしょう[注26]。

① どの提供データについて
② 誰が（データ利用者の属性、範囲や条件、プラットフォーム運営者の委託先等その他のプラットフォーム参加者の範囲や条件等）
③ いつ（期間）
④ どこで（例えば、国外サーバに提供データを記録しないでほしいといったことが考えられる）
⑤ どのような目的で
⑥ どのような態様、方法で共用・活用するため

かかる利用方法・範囲は、プラットフォーム運営者が提供データにアクセスできる場合には、プラットフォーム運営者とデータ利用者それぞれについて、利用方法・利用範囲等の条件を決定することになります。

注26) データ契約ガイドライン94頁。

【図表3-7】利用条件のパターン

目的による制限	自己利用の範囲	第三者提供の可否
あり／なし	自由に利用可	自由に提供可
あり／なし	自由に利用可	制限あり
あり／なし	制限あり	制限あり

(2) **対象データの利用条件**

11条1項では、別紙に定める範囲内で利用（利用、使用、加工、開示、利用許諾、譲渡および処分等）ができることとしていますが、加工を認めるかどうか、第三者への提供を認めるか（自己の社内での利用に限るか）、またこれらを認めるとしてもどの範囲で認めるか等、事案によってさまざまな条件を付すことがあり得ます。条件としては、大きく分けて、目的による制限、自己利用における制限（加工の制限等）、第三者提供の制限があり、【図表3-7】のようなパターンがあります。

また、対象データあるいは会員の種別をより細かくカテゴライズして、カテゴリーごとにより細かく利用条件を設定するということも考えられます（その場合には、カテゴリーに応じた利用料金等を設定することになる）。このように会員からプラットフォームに提供された対象データの利用条件について、どのパターンを採用するか、また、その具体的範囲をどのように設定するかの考慮要素としては、以下のような事項が考えられます。

① データの性質
② データの創出に対する各当事者の寄与度
③ データの利用により当事者が受けるリスク
④ データ取引に関して支払われる対価の金額
⑤ データ利用の必要性

(3) **第三者提供の可否**

対象データの利用条件のうち、第三者への開示・譲渡を認めるか否かは、基本的には、第三者にデータを利用させることによって当事者が得られる利益と第三者がデータを利用することによって生じる当事者の不利益を比較衡量することによって決定され、具体的には以下の要素を考慮すること

が考えられます[注27]。

① データの性質（営業秘密、ノウハウを推測可能なものか、個人のプライバシー権を侵害するものではないか等）
② 営業秘密、ノウハウ流出等を防止するためにとられている方法（工場を特定する情報を削除する、同種の機器全体の統計情報として処理する等）
③ 提供先の第三者が競業者であるか否か
④ 提供先の第三者の利用に対してどのような制限を課すか（ただし、実効性を確保できるかについて慎重な判断が必要となる）
⑤ 対価の額、分配方法

このようなデータ利用者による利用に関しては、データ利用者だけでなく、データ利用者の親会社・子会社・関連会社のようにグループ会社で共有したいという要望がある場合もあるでしょう。この点に関しては、仮にグループ会社への共有を認める場合であっても、共有できる範囲を明確にしておくとともに、当該グループ会社も利用規約の条件に拘束されることを確保しておく必要がありますし、グループ会社ではなくなった場合のデータの利用停止や削除等措置も定めておく必要があります。

なお、前述の通り、特にクローズドなプラットフォームの場合には、プラットフォーム上に提供するデータを「限定提供データ」として管理して保護することも考えられます。その場合には、上記プライベート・データのように営業秘密として管理してしまうと、「限定提供データ」に該当しなくなってしまう可能性がありますので、営業秘密として管理する情報や秘密保持義務の対象から除外する一方で、限定提供性の要件を満たすようにするため、第三者に対する非開示義務を負わせておくなど、慎重な対応が必要となります。

(4) 派生データの利用条件

派生データについても、契約で定めない限りは、基本的には、現にアクセスできる者が自由に利用することができることになりますので、対象

注27) データ契約ガイドライン57頁。

データを加工することを認める場合には、派生データの利用条件についても定めておく必要があります。11条2項では対象データの利用条件と同様としていますが、一般論としては、以下のような事情を考慮して設計することになります[注28]。

① 対象データの性質
② 対象データを取得・収集する際の費用・労力
③ 営業秘密性
④ 対象データの加工・分析・編集・統合等の程度・費用・労力
⑤ 対象データの全部または一部が復元可能なものとして派生データに含まれているか等

　また、11条2項では、派生データの作成に関してデータ加工者が著作権その他の知的財産権を新たに創出した場合における当該知的財産権の帰属について、当該データ加工者に帰属するものとしています。この点に関して、例えば、データ加工者が創出した派生データに係る知的財産権を運営者に対して譲渡することを義務付けたりする場合には、独占禁止法上の問題が生じ得ますので、注意が必要です。

　派生データについてどのような範囲で利用することを認めるかはプラットフォームの設計次第ですが、例えば、クローズドなプラットフォームで、加工自体にはそれほど価値がない場合であれば、元データとなる対象データのデータ提供者にグラントバックすることを前提に、データ加工者に一定の範囲に限って派生データの利用を認めることや、派生データを第三者に提供する場合には、対象データのデータ提供者の承諾が必要とする、あるいは利益分配を行うことを条件とすることも考えられます。

(5) 運営者による対象データの加工

　11条4項では、運営者が対象データを加工して、加工により生じた派生データを、プラットフォーム上で対象データとして提供することができることとしています。これは、プラットフォーム運営者としてより魅力的

注28) データ契約ガイドライン28頁。

なプラットフォームを構築していくことが期待されることから、運営者のみにかかる権限を与えることとしているものです。

(6) シェアード・データ／プライベート・データの利用条件

対象データをシェアード・データとプライベート・データに分ける場合には、以下のように利用条件についてもそれぞれ分けて規定することになります。

第○条（シェアード・データの利用条件）
1．データ利用会員は、運営者が別途定める利用料金を支払うことによって、シェアード・データを利用することができます。
2．運営者及びデータ利用会員は、シェアード・データを別紙○に定める範囲内において利用することができるものとします。
3．前項に基づきシェアード・データを加工することにより得られた派生データの利用条件を決定する権限は、当該加工を行った者（以下「データ加工者」という。）が有するものとし、派生データの作成に関して当該データ加工者が新たに創出した著作権その他の知的財産権を受ける権利は、当該データ加工者に帰属するものとします。但し、シェアード・データに係る既存の知的財産権に何ら変更を加えるものではなく、既存の知的財産権の権利者に留保されるものとします。
4．運営者及びデータ利用会員は、シェアード・データを加工した派生データを、本プラットフォームのサービス環境上で対象データとして提供することができるものとします。この場合には、データの提供に係る第○条の規定が準用されるものとします。但し、運営者が提供する場合には、第○条のデータ提供の対価の支払は準用されないものとします。

第○条（データ利用会員によるプライベート・データの利用条件）
1．第○条に基づきアクセス・キーの通知を受けたデータ利用会員は、運営者が別途定める利用料金を支払うことによって、当該アクセス・キーを利用して、本プラットフォームからプライベート・データを取得することができるものとします。
2．データ利用会員は、本プラットフォームを通じて取得したプライベート・データを、自らが保有する他のデータと明確に区別し、善良なる管理者の注意をもって管理・保管するとともに、適切な管理手段を用いて、自己の営業秘密と同等以上の管理措置を講じるものとします。
3．データ利用会員は、本プラットフォームを通じて提供を受け又は取得したプライベート・データを、本目的の範囲内で、自己のためにのみ利用す

ることができるものとします。
4．データ利用会員は、前項により認められた利用条件を超えて、プライベート・データを利用してはならないものとします。

第○条（運営者によるプライベート・データの利用条件）
1．運営者は、本プラットフォームを通じて提供を受けたプライベート・データを、自らが保有する他のデータと明確に区別し、善良なる管理者の注意をもって管理・保管するとともに、適切な管理手段を用いて、自己の営業秘密と同等以上の管理措置を講じるものとします。
2．運営者は、本プラットフォームを通じて提供を受け又は取得したプライベート・データを、統計データとして利用（当該統計データにおいてプライベート・データの識別ができない場合に限るものとします。）し、又は本プラットフォーム上で本目的の範囲内で新たなサービスを提供するためのシステム開発のために利用（当該サービス及びシステムにおいてプライベート・データの識別ができない場合に限るものとします。）することができるものとします。
3．運営者は、前項に基づき生成された統計データを、本プラットフォームのサービス環境上で対象データ（シェアード・データ）として提供することができるものとします。但し、当該プライベート・データを提供したデータ提供会員が異議を述べた場合はこの限りではありません。
4．第2項に基づき加工された統計データ及びシステムに係る著作権その他の知的財産権は、運営者に帰属するものとします。
5．運営者が第2項に基づき加工された統計データを対象データとして提供する場合には、運営者は加工をする前のプライベート・データを提供したデータ提供会員に対してあらかじめ通知するものとし、当該データ提供会員は、当該統計データを無償で利用等することができるものとします。
6．運営者は、前各項により認められた利用条件を超えて、プライベート・データを利用してはならないものとします。

　この条項例では、シェアード・データの加工により生じた派生データに関しては、当該加工を行った者が利用することができるとしていますが、加工の際に対象データの貢献の程度（寄与度）がどの程度であるかを事前に定めておくことは困難ですので、派生データにより得られた利益の分配はしないこととしています。この場合には、そのように利用をされる前提でデータ提供すべきであり、また、場合によっては、それに見合っ

た対価をデータ提供時に受け取ることができるよう設計する必要があります。なお、本モデル規約が前提としているタイプの設計ではありませんが、プラットフォーム運営者は、データ取引の主体とはならず、データ提供者とデータ利用者の間の個別のデータ取引契約が成立するタイプのプラットフォーム（データ取引所等）であれば、データ提供者がデータ利用者にデータの利用を許諾する段階で、加工における貢献度などを定めて利益分配について個別に合意することができる場合もあると思われます。

プライベート・データについては、運営者に対して、統計データに加工して対象データとしてプラットフォームに提供する権限が与えられています。この点に関して、元データとなるプライベート・データの提供者に対する利益分配として、金銭の支払ではなく、当該統計データを無償で利用できることとしています。

このように、貢献度を必ずしも金銭で算定する必要はなく、プラットフォーム上の便益を与えることも考えられます。また、このように運営者に対して与える権限は、必ずしも統計データに加工する権限に限定する必要はなく、プライベート・データを加工して、元のプライベート・データのデータ提供者との共有のプライベート・データとしてプラットフォーム上に提供することなども考えられます。

他方で、条項例では、プライベート・データについては、データ利用者は自己のための利用・使用のみができると規定しています。データ利用者によるプライベート・データの利用条件から第三者への利用許諾、開示、譲渡および処分等を除外しているのは、プライベート・データについてはセンシティブ情報が含まれ得ることが想定されることから、主に、データ利用者からデータ提供者の競争事業者に対して当該センシティブ情報が提供されて、カルテルなどに利用されることを防止するためです。この点に関して、プライベート・データが識別できないものであれば競争事業者に提供されてもカルテルのおそれもないことから（したがって、競争事業者ではないデータ利用者にもこれと同様の範囲で利用を認めることはあり得る）、運営者のみにかかる加工の権限を与えることとしています。

さらに、運営者に、プラットフォーム上で新たなサービスを提供するためのシステム開発のために対象データを利用、加工することを認めること

も考えられます。これは、主に運営者がAIシステムの開発等をして、新たなサービスをプラットフォーム上で提供することを念頭に置いて、そのためのAIベンダとシステム開発を行うために、AIベンダに対して対象データを提供することができるようにすることが想定されます。

なお、シェアード・データについては、上記の条項例では、第三者提供を含めて自由に利用できるようにしていますので、特段データの管理については規定していません。他方で、プライベート・データについては、データのコンタミネーションを防止するために、プライベート・データを自らが保有する他のデータと明確に区別し、善良なる管理者の注意をもって管理・保管することとした上で、営業秘密として扱われるよう、自己の営業秘密と同等以上の管理措置を講じることを明記しています。

12　対象データの削除

第12条（対象データの削除）
1．データ提供会員は、対象データを本プラットフォームに提供した後は、当該対象データを本プラットフォーム上から削除することを要求する権利を有しないものとします。
2．データ提供会員が、自らが提供した対象データの正確性、完全性、安全性、有効性のいずれかに問題があること、又は、当該対象データが第三者の知的財産権その他の権利を侵害していることを知ったときは、直ちにその具体的な内容を記載した書面で運営者に通知するものとします。
3．前項の通知を受領した場合には、運営者は速やかに当該対象データを削除するとともに、会員に対して周知するものとします。
4．前項に定める場合のほか、運営者は、本規約又は法令に反する対象データの提供を発見した場合その他運営者が当該対象データを本プラットフォーム上で提供することが適切でないと判断した場合には、当該対象データを本プラットフォーム上から削除することができるものとします。
5．本条に基づいて対象データが本プラットフォーム上から削除された場合であっても、削除前になされた対象データ及び派生データの利用については、何ら影響を及ぼさないものとします。

一旦プラットフォーム上に提供したデータをデータ提供者が削除することを要求できるかどうかについても、プラットフォームの設計によって異なります。

12条1項では、一旦プラットフォームに提供した対象データの削除を要求することはできないこととしていますが、プラットフォームの目的や対象データの性質・内容によっては、削除を要求することができるとすることもあり得ます。この点に関しては、論理的に必然というわけではありませんが、データ提供者に対してデータ提供についての対価を支払う場合には、（対価を受領した後にすぐにデータの削除を要求するといった事態を避けるために）基本的には削除を認めない方向になると思われます。

12条2項では、データ提供者が自らが提供した対象データの正確性、完全性、安全性、有効性のいずれかに問題があること、または、当該対象データが第三者の知的財産権その他の権利を侵害していることを知ったときは、このようなデータをプラットフォーム上で取り扱うことは適切ではないことから、直ちにその具体的な内容を記載した書面で運営者に通知しなければならないものとしています。

また、3項で、当該通知を受けた運営者は、速やかに当該対象データを削除するとともに、会員に周知することとして、会員の保護も図っています。

12条4項では、プラットフォームの秩序を保つために、運営者が規約違反や法令違反の対象データの提供を発見した場合や、適切でないと判断した場合には、当該対象データをプラットフォーム上から削除することができることとしています。

また、5項では、上記の規定に基づいて対象データが削除された場合に、すでになされた利用についてデータの返還等が問題となり得ることから、削除前の利用については何ら影響を及ぼさないことを明確にしています。

なお、シェアード・データとプライベート・データを分けて規定する場合には、以下のように、削除を要求できるかどうかをそれぞれについて分けて定めることも考えられます。

第○条（対象データの削除）
1．データ提供会員は、プライベート・データを本プラットフォームに提供した後、何らの理由なくして、運営者に対して通知することにより、当該プライベート・データを本プラットフォーム上から削除することを要求する権利を有するものとします。但し、既にデータ利用会員が取得したプライベート・データ及び運営者がプライベートデータを加工して作成された統計データ及び開発されたシステムについては適用されないものとします。
2．データ提供会員は、シェアード・データを本プラットフォームに提供した後は、当該シェアード・データを本プラットフォーム上から削除することを要求する権利を有しないものとします。

この条項例では、プライベート・データについては、データ利用者にアクセス・キーが提供されるまでデータ提供料金を受け取らないことを前提に、いつでも理由なく削除することができるとしている一方で、すでにデータ利用者に提供されたプライベート・データについては、削除を要求することはできないこととしています。

これに対して、シェアード・データに関しては、データ提供時に提供料金を受領する売り切りタイプの設計とすることを前提に、原則としてシェアード・データの削除を要求することはできないこととしています。なお、上述の通り、これらは提供料金の授受と必ずしもリンクさせなければならないものではありません。

もっとも、データ提供者が自らが提供した対象データの正確性、完全性、安全性、有効性のいずれかに問題があることを知って通知したことにより対象データが削除された場合であって、当該データを提供したデータ提供者に対してデータ提供料金を支払っている場合には、かかる提供料金を返還させるかどうかも問題となります。

この点に関しては、そもそもデータに関しての正確性等や第三者の権利の非侵害は保証していない以上、それに反していたからといって提供料金等の返還を求めるとすれば、実質的には保証を求めることと変わらないこととなってしまうことから、提供料金の返還は求めないこととすることも考えられます。この場合、9条3項のように、故意・重過失でそのようなデータを提供した場合や、不正確な内容や第三者の権利の侵害を知ったに

第 3 章　データ共有プラットフォーム利用規約の解説

もかかわらず通知しなかったような場合には、損害賠償を認めることとしてバランスをとることも考えられます。

　仮にデータ提供料金等の返還まで求める場合には、「本条に基づき対象データが削除された場合には、運営者は、データ利用会員が当該対象データの利用に関して支払った利用料金をデータ利用会員に対して返還するものとし、当該対象データを提供したデータ提供会員は、当該対象データの提供に関して運営者から受領した提供料金及び運営者が利用者に対して返還した利用料金の全額を運営者に対して支払うものとします」といった規定を設けることになります。

　なお、本モデル規約ではパーソナルデータは扱わないという前提ですので、特に規定を設けていませんが、プラットフォーム上で取り扱うデータがパーソナルデータであり、かつ、GDPRの適用がある場合には、削除権に加えて、データポータビリティの権利に対応する必要があり、対象データを他のプラットフォームにおいて利用できるフォーマットで返還するまたは（技術的に可能な場合には）他のプラットフォームに直接提供データを移転させたりするための規定も設けておく必要があります。このようなパーソナルデータのコントローラビリティに関しては、個人情報保護委員会における個人情報保護法の改正の議論（いわゆる3年ごと見直し）[注29]や、経済産業省・公正取引委員会・総務省が開催する「デジタル・プラットフォーマーを巡る取引環境整備に関する検討会」[注30]における議論において検討されているところですので、その動向には注意しておく必要があります。

注29) 個人情報保護委員会が2019年4月25日付けで「個人情報保護法　いわゆる3年ごと見直しに係る検討の中間整理」を公表している（https://www.ppc.go.jp/files/pdf/press_betten1.pdf）。

注30) https://www.jftc.go.jp/soshiki/kyotsukoukai/kenkyukai/platform/index.html

13　プラットフォーム利用のための設備設定・維持

> 第13条（本プラットフォーム利用のための設備設定・維持）
> 1．会員は、自己の責任及び費用負担において、運営者が定める条件にて会員設備を設定し、会員設備及び本プラットフォームを利用するための環境を維持するものとします。
> 2．会員は、本プラットフォームを利用するにあたり、自己の責任及び費用負担において、電気通信事業者等の電気通信サービスを利用して会員設備を本プラットフォームに接続するものとします。
> 3．前二項に定める会員設備の設定・接続、会員設備及び本プラットフォーム利用のための環境に不具合がある場合、運営者は会員に対して本プラットフォームの提供の義務を負わないものとします。

　13条以下では、会員の義務として、①プラットフォーム利用のための設備設定・維持、②ID・パスワードの管理、③禁止事項、④会員の責任を定めています。これらの他にも、プラットフォームに提供されるデータにパーソナルデータが含まれる場合には、個人情報保護法上の手続や体制整備についての義務を規定することもあります（個人情報に関しては、9条の解説(3)参照）。

　会員の義務としては、データ利用会員に対して、データ管理、秘密保持義務を課す場合があり、また、データ提供会員に対して9条の解説(6)で述べたように、プラットフォームの目的によっては一定量または一定期間の継続的なデータ提供義務を課す場合もあります。特に、データ管理については、より詳細に、セキュリティやバックアップなどについて定めることもあります。

　13条の設備設定・維持については、設備に関する責任分担であり、会員がプラットフォームに接続するまでの設備は自らの責任と費用負担において設定・維持することを明確にしています。なお、本モデル規約では規定していませんが、プラットフォーム運営者が機器の貸与を行うような場合には、その旨やレンタル料金、当該機器が故障した場合の対応なども定めておく必要があります。

第 3 章　データ共有プラットフォーム利用規約の解説

14　ID・パスワードおよび対象データの管理

> 第14条（ID・パスワード［及び対象データ］の管理）
> 1．会員は、ID 及びパスワードを第三者に開示、貸与、共有してはならず、第三者に開示・漏えいすることのないよう厳重に管理（パスワードの定期的な変更を含みます。）するものとします。
> 2．ID 及びパスワードの管理不備、使用上の過誤、第三者の使用等により会員自身又はその他の者が損害を被った場合、運営者は一切の責任を負わないものとします。
> 3．第三者が会員の ID 及びパスワードを用いて本プラットフォームを利用した場合、当該会員の行為とみなされるものとし、会員は、かかる利用についての対価の支払その他の債務一切を負担するものとします。また、当該行為により運営者が損害等を被った場合は、当該会員はかかる損害等を填補するものとします。但し、運営者の故意又は過失により ID 及びパスワードが第三者に利用された場合は、この限りではありません。
> ［4．会員は、本プラットフォームを通じて取得した対象データ［及びその派生データ］をそれ以外のデータと明確に区別し、善良な管理者の注意義務をもって、［秘密として／営業秘密として／限定提供データとして］管理及び保管するものとします。］

　14条1項では、ID・パスワードの管理についての会員の義務を定めています。これらの管理不備等により当該会員や第三者が損害等を被っても、運営者は責任を負わないことに加えて、第三者がある会員の ID・パスワードを用いてプラットフォームにアクセスした場合には、当該会員の行為とみなして、利用料金等の一切の債務を当該会員に負担させることとしています。プラットフォーム上では ID とパスワードで会員を識別するほかないことから、その管理不備については会員の自己責任とするものです。ただし、プラットフォーム運営者の故意または過失により第三者に ID・パスワードが利用された場合は除外しています。

　上記に関しては、プライベート・データの区分を設けてアクセス・キーを設定する場合には、ID、パスワードだけでなく、アクセス・キーも同様の管理を会員に要求することになります。

　また、本モデル規約が想定しているようにある程度クローズドなプラットフォームの場合には、会員がプラットフォームから取得した対象データ

やその派生データについては、外部に漏れないようにしておく必要がある場合が多いと思われます。そのため、4項では、会員によるデータの区分管理と善管注意義務を定めています。

なお、プラットフォームに会員ごとのストレージ機能も付する場合には、万が一のデータの消失等に備えて、運営者はバックアップ等に関して責任を負わない旨の規定を設けておくことも考えられます。

> ○．会員は、自らが利用する対象データ及び派生データについて、自己の責任及び費用負担においてバックアップを保存しておくものとし、運営者は対象データ及び派生データの保管、保存、バックアップに関して、一切責任を負わないものとします。

15　禁止事項

> 第15条（禁止事項）
> 1．会員は、本プラットフォームの利用に関して、以下の行為を行ってはならないものとします。
> (1) 運営者、他の会員若しくは第三者の知的財産権その他の権利を侵害する行為、又は侵害するおそれのある行為
> (2) 本プラットフォームの内容や本サービスにより利用しうる情報を改ざんする行為
> (3) 本利用契約又は本規約に違反して、第三者に本プラットフォームを利用させる行為
> (4) 法令若しくは公序良俗に違反し、又は、運営者、他の会員若しくは第三者に不利益を与える行為
> (5) ウィルス等の有害なコンピュータプログラム等を送信又は提供する行為
> (6) 第三者の設備等、他の会員の会員設備又は運営者設備の利用若しくは運営に支障を与える行為、又は与えるおそれのある行為
> (7) その他、運営者が不適切と判断する行為
> 2．会員は、他の会員により前項各号のいずれかに該当する行為がなされたことを知った場合、又は該当する行為がなされるおそれがあることを知った場合には、速やか運営者に通知するよう努めるものとします。

15条1項の会員の禁止事項は、プラットフォームの秩序を維持して信

頼性を確保し、他の参加者等に損害等を与えないように規定されるものであり、一般的なものとして、知的財産権を侵害する行為、データの改ざん、第三者にプラットフォームを利用させる行為、ウィルス提供、設備等の運営に支障を与える行為等を禁止しています。これらの禁止事項は、プラットフォームの目的に応じて追加されることになりますが、この禁止事項に違反した場合の制裁措置として、プラットフォームのサービス提供を停止する場合もあることから、その定め方や運用によっては、不公正な取引方法（取引拒絶）や排除型私的独占として独占禁止法違反となり得る点には注意が必要です。

　2項では、他の会員が禁止行為を行った場合やそのおそれがある場合の運営者への通知を定めていますが、他の会員のことについてまで法的な義務とすることは酷ですので、あくまで努力義務にとどめています。

16　会員の責任等

> 第16条（会員の責任等）
> 1．会員は、自らの本利用契約若しくは本規約の違反に起因又は関連して、他の会員又は運営者に損害等を与えた場合、当該損害等を補償するものとします。
> 2．会員は、対象データ又は派生データの利用に起因又は関連して、第三者との間で紛争等が生じた場合には、直ちに運営者に対して書面により通知するものとし、かつ、自己の責任及び費用負担において、当該紛争等を解決するものとします。この場合、当該対象データを提供した会員及び運営者は、当該紛争等に合理的な範囲で協力するものとします。
> 3．会員は、前項に定める紛争等に起因又は関連して、当該対象データを提供した会員又は運営者が損害等を被った場合（但し、当該紛争等が、当該対象データを提供した会員又は運営者の帰責事由に基づく場合を除きます。）には、当該対象データを提供した会員又は運営者に対して、当該損害等を補償するものとします。
> 4．会員及び運営者は、他の会員による対象データ及び派生データの利用に関連する、又は、対象データ及び派生データの利用に基づき生じた発明、考案、創作及び営業秘密等に関する知的財産権の利用に関連する一切の損害等又は紛争等に関して、責任を負わないものとします。
> 5．第2項から第4項までの規定は、当該データを提供した会員又は運営者が第9条第3項又は第18条第3項に該当する場合には、適用されない

［6．本利用契約又は本規約に関して会員が運営者の損害等に対して負う責任の範囲は、債務不履行責任、不法行為責任、その他法律上の請求原因の如何を問わず、会員の責に帰すべき事由又は会員の本利用契約若しくは本規約の違反が直接の原因で運営者に現実に発生した通常の損害等に限定されるものとし、その損害等の賠償額は、当該会員が当該損害等の発生した日から遡って〇ヶ月間に運営者に対して支払った本サービスに係る利用料金の額を超えないものとします。但し、会員に故意又は重大な過失がある場合には、本項の規定は適用されないものとします。］

16条は、会員の責任を定めたものであり、1項は一般的な契約違反の場合の補償規定を定めています。

2項から4項までは、9条2項において会員が対象データの正確性等や第三者の権利の非侵害を保証していないこととの関係で、第三者からのクレームや紛争に関しては、原則として対象データを利用した会員が対応することとし、対象データを提供した会員やプラットフォーム運営者に生じた損害等を補償することとしています。この点に関しては、正確性等や第三者の権利の非侵害を対象データを提供する会員が保証する場合であって、当該保証の違反が原因で対象データを利用した会員が第三者からクレーム等を受けた場合や損害等を被った場合には、対象データを提供した会員の責任と費用で解決するという規定にすることもあります。

5項では、提供した対象データが正確性等や第三者の権利の非侵害に違反することについて故意または重過失がある会員・運営者は、9条3項または18条3項により補償責任を負うこととなっていますので、上記の規定は適用されないこととしています。

なお、会員の補償責任について、会員が思いもよらぬ高額の補償金を負担せざるを得ないことになると、対象データを提供することを敬遠されて、データが集まらなくなる可能性もあるため、6項のように賠償額の上限を設けて、会員の責任を限定しておくことも考えられます。

17 プラットフォームの管理

> 第17条（本プラットフォームの管理）
> 1．運営者は、本サービスの提供期間中、法令を遵守するとともに、善良なる管理者の注意をもって本サービスを提供するものとし、同種同等のプラットフォームで利用されるのと同種同等のセキュリティを備えることにより、本プラットフォームを適切に管理・運営するものとします。
> 2．運営者は、会員による対象データ及び派生データの管理状況その他の本利用契約及び本規約の遵守状況について、会員に対して、いつでも書面（メールその他の電磁的方法を含みます。）による報告を求めることができるものとします。
> 3．前項の報告、他の会員からの通報又は運営者自らの調査その他の事情に基づき、運営者が会員において本利用契約若しくは本規約の違反のおそれがあると判断した場合には、運営者は、当該会員に対して合理的な範囲で対象データ等の管理方法、保管方法、利用の方法その他の事項に関して是正を求めることができるものとします。
> 4．運営者が会員に対して第2項の報告又は前項の是正を求めた場合には、当該会員は、速やかにこれに応じるものとします。

(1) 善管注意義務等

プラットフォーム運営者がどのような義務を負うかは、プラットフォームの設計、特に中立性・信頼性の観点から重要です。他方で、あまりに過大な責任を負うこととなってプラットフォームの運営が立ちゆかなくなってしまうことを避ける必要があることから、継続性・安定性の観点からも検討する必要もあります。

17条1項では、プラットフォームの管理の一般原則として、本サービスの提供に関して法令遵守義務と善管注意義務を課しています。利用規約の規定に基づいてプラットフォームを管理・運営し、データ提供者・利用者の権利義務を規律する立場の者として、中立性・信頼性が要求されることから、このような一般的な義務を課しています。法令遵守については、上述のように恣意的な参加者の選別を行い独占禁止法に違反しないようにするという意味も含まれています。

加えて、同種同等のプラットフォームで利用されるのと同種同等のセキュリティを備えることを要求しています。これは、膨大なデータが扱わ

れるプラットフォームにおいて、多くのデータ提供者を確保するためには、一定水準以上のセキュリティを要求し、信頼性を確保する必要がある一方で、プラットフォームの運営費用も限られていて、すべてのセキュリティ・インシデントを防止することは不可能であることから、同種同等のセキュリティを備えていれば運営者の果たすべき責任としては十分であると考えられることによるものです。この点に関しては、プラットフォーム運営者がクラウドサービスを利用する場合は、情報管理策等に関するISO/IEC27017やクラウド上の個人情報保護に関するISO/IEC27018などの規格の認証取得などによる対策等の措置が期待されると指摘されていることもあり[注31]、より具体的に利用規約にこれらの規格を明示しておくことも考えられます。もっとも、これらの規格の取得・維持にもそれなりの費用を要するものであり、データの性質やプラットフォームの規模等によってもその要否は異なるでしょう。

(2) モニタリング（監査権）

プラットフォームの信頼性を高めるためには、会員が利用規約を遵守しているかを運営者が適切に監査・モニタリングできる制度を設けておく必要があります。監査・モニタリングの方法にも、①定期的にデータ提供者・利用者から報告を受けるものや、②運営者が必要と判断した場合に報告を求めるもの、また、③実際にデータ提供者・利用者の事業所まで赴いて実地監査を行うものなどがあります。

17条2項では、②を前提に、データの管理状況その他の利用規約の遵守状況について、運営者がデータ提供者・利用者に対して、いつでも書面（メールその他の電磁的方法を含む）による報告を求めることができることとしています。派生データの第三者提供等による利益分配を売上ベースで行っている場合などは、より強力な実地監査まで認めることも考えられますし、逆にデータ提供者・利用者から運営者への監査権を認めることも考えられます。いずれにしても、監査対応には人員も費用も要することから、必要性と許容性のバランスで検討していく必要があるでしょう。

上記に加えて、苦情処理や紛争解決手段についても利用規約で規定を設

注31) データ契約ガイドライン93頁。

けておくことが考えられますが、利用規約で規定するか否かとは別に、苦情対応等の窓口を設置して、プラットフォーム上に明示しておくことが望ましいといえます。本モデル規約では、明示的には苦情処理等の手順は規定していませんが、17条3項において、他のデータ提供者・利用者が規約違反をしているおそれがある場合には、プラットフォーム運営者に対して通報できることを前提としていますので、プラットフォーム上に対応窓口の連絡先等を記載しておく必要があるでしょう。

18　プラットフォームの運営

第18条（本プラットフォームの運営）
1．運営者は、本プラットフォームの運営に関して、明示又は黙示の別を問わず、会員に対していかなる事項（以下に掲げる事項を含みますが、これらに限られません。）についても保証しないものとします。
　(1)　本プラットフォームのセキュリティが完全なものであること
　(2)　本プラットフォームにバグがないこと
　(3)　本プラットフォームの利用によりウィルスに感染しないこと
　(4)　本プラットフォームの運営が中断しないこと
　(5)　本プラットフォームが第三者の知的財産権を侵害しないこと
2．運営者は、本プラットフォーム上の対象データに関して、明示又は黙示の別を問わず、会員に対していかなる事項（以下に掲げる事項を含みますが、これらに限られません。）についても保証しないものとします。
　(1)　対象データの正確性、完全性、安全性及び有効性
　(2)　対象データが第三者の知的財産権その他の権利を侵害しないこと
　(3)　対象データが継続して会員に提供されること
3．運営者は、以下のいずれかに該当する場合を除き、前項各号に掲げる事項に起因する会員の損害等について、いかなる責任も負わないものとします。
　(1)　運営者が、対象データの全部又は一部を改ざんして、本プラットフォームに提供した場合
　(2)　運営者が、対象データの正確性、完全性、安全性、有効性のいずれかに問題があること、又は、対象データが第三者の知的財産権その他の権利を侵害していることを、故意若しくは重大な過失により告げずに対象データを本プラットフォームに提供した場合
　(3)　運営者が、対象データの正確性、完全性、安全性、有効性のいずれかに問題があること、又は、対象データが第三者の知的財産権その他の権

> 利を侵害していることを知ったにもかかわらず、第12条第4項に基づく削除を行わなかった場合

　17条の解説(1)で述べた通り、すべてのセキュリティ・インシデントを防止することは不可能ですし、また、バグやウィルスも完全には防げないことから、これらについては、運営者は何ら保証しないことを明記しておく必要があります。そのため、18条1項では、本プラットフォームに関して、セキュリティが完全なものであること、プラットフォームにバグがないこと、プラットフォームの利用によりウィルスに感染しないこと、プラットフォームの運営が中断しないこと、プラットフォームが第三者の知的財産権を侵害しないことを含めて、プラットフォームの運営に関して何らの保証もしないこととしています。

　さらに、対象データの内容に関して、データ提供者がデータの正確性・完全性・安全性・有効性に関する表明保証をしていないことから（9条2項参照）、18条2項では、プラットフォーム運営者もこれらの事項に関しては保証しないこととしています。ただし、運営者に帰責性がある場合には、運営者が会員に対して損害等を補償する必要があると考えられることから、18条3項では、会員の9条3項における補償責任と同等の規定を設けています。

19　運営者設備の障害等

> 第19条（運営者設備の障害等）
> 1．運営者は、運営者設備について障害があることを知ったときは、遅滞なく、会員にその旨を通知するとともに、運営者設備を修理又は復旧するよう努めるものとします。
> 2．運営者は、運営者設備のうち、運営者設備に接続するために運営者が借り受けた電気通信回線に障害があることを知ったときは、当該電気通信回線を提供する電気通信事業者に修理又は復旧を指示するものとします。
> 3．上記のほか、本プラットフォームに不具合が生じたときは、会員及び運営者はそれぞれ遅滞なく相手方に通知するよう努力するものとし、両者協議のうえ各自の行うべき対応措置を決定した上でそれを実施するものとします。

第3章　データ共有プラットフォーム利用規約の解説

19条は、本プラットフォームを含む運営者設備に障害が生じた場合の運営者の対応について定めています。1項では、運営者設備に障害があった場合には、運営者は会員に対して通知するとともに、設備の修理・復旧に努めることとし、また、2項では、運営者が自ら修理・復旧することができない電気通信回線については修理・復旧を指示することとして、会員の保護を図っています。3項では、その他のプラットフォーム上の不具合についても、運営者と会員で協議の上で対応措置を実施することとしています。これは、会員数がそれほど多くない場合を想定して運営者と会員との協議を規定していますが、会員数が多数になることが想定される場合には、運営者が会員それぞれと協議することは困難ですので、通知の努力義務に留めておくことが現実的でしょう。なお、運営者設備の障害や不具合が、次条に定める「運営者の責に帰すことができない事由」により生じた場合には、運営者は責任を負わないこととしています。

20　損害賠償の制限

第20条（損害賠償の制限）
1．運営者が本サービス又は本利用契約若しくは本規約に関して会員に対して負う責任の範囲は、債務不履行責任、不法行為責任、その他法律上の請求原因の如何を問わず、運営者の責に帰すべき事由又は運営者の本利用契約若しくは本規約の違反が直接の原因で会員に現実に発生した通常の損害等に限定されるものとし、運営者の責に帰すことができない事由から生じた損害、間接損害、逸失利益、運営者の予見の有無を問わず特別の事情から生じた損害等について、運営者は責任を負わないものとします。
2．前項における「運営者の責に帰すことができない事由」は、以下の事由を含みますが、これらに限られません。
　(1)　天災地変、戦争、暴動、内乱、自然災害等の不可抗力
　(2)　停電、会員設備の障害又は運営者設備までの通信設備の事故・クラウドサービス等の外部サービスの提供の停止又は緊急メンテナンス
　(3)　運営者設備からの応答時間等インターネット接続サービスに起因する損害
　(4)　善良なる管理者の注意をもってしても防御し得ない運営者設備への第三者による不正アクセス又はアタック、通信経路上での傍受
　(5)　運営者が定める手順・セキュリティ手段等を会員が遵守しないことに起因して発生した損害等

(6)　運営者設備のうち運営者の製造に係らないソフトウェア又はハードウェアに起因して発生した損害等
　(7)　法令の制定改廃
3．第1項に基づき運営者が責任を負う場合であっても、その損害等の賠償額は、当該会員が当該損害等の発生した日から遡って〇ヶ月間に運営者に対して支払った本サービスに係る利用料金の額を超えないものとします。
4．運営者に故意又は重大な過失がある場合には、本条の規定は適用されないものとします。

　プラットフォーム運営者は、多数のデータ提供者・利用者を相手にすることから、仮に会員のすべての損害を賠償する必要があるとすると、莫大な金額となる可能性があり、プラットフォームの運営自体が立ちゆかなくなる可能性もあります。そのため、プラットフォーム運営者の責任は一定範囲に制限しておくこと一般的といえます。
　20条1項・3項では、運営者が賠償する損害等の範囲を「直接損害」かつ「通常損害」に限定し、その賠償金額も一定額に限定しています。
　また、運営者の責に帰すことができない事由から生じた損害や、「特別損害」「逸失利益」については免責されることを明示するとともに、「責に帰すことができない事由」に該当するか否かについての争いを可及的に防止するため、天災地変等だけでなく、通信設備やクラウドサービス等の外部サービスの停止や法令改正等による場合を、例示として列挙しています。

　なお、会員が個人である場合には、消費者契約法8条により、運営者に故意・重過失がある場合の免責・責任限定規定は無効とされることになります。また、会員が個人以外の事業者である場合であっても、2020年4月1日から施行される改正民法において、定型約款の条項が設けられ、相手方の利益を一方的に害すると認められるものについては、合意をしなかったものとみなすことになります（改正民法548条の2第2項）。すなわち、定型約款においては、「相手方の権利を制限し、又は相手方の義務を加重する条項であって、（略）第1条第2項〔筆者注：信義則〕に規定する基本原則に反して相手方の利益を一方的に害すると認められるものについては、合意をしなかったものとみなす」こととなります。信義則違反の判

断には、定型取引の態様やその実情、取引上の社会通念を考慮すべきことになりますが、合意をしなかったものとみなされる条項の例として、「相手方に過大な違約罰を求める条項」や「定型約款準備者の故意又は重過失による損害賠償責任を免責する旨の条項」など、その条項の内容自体に強い不当性が認められるものが挙げられています[注32]。

したがって、4項では、運営者に故意・重過失があった場合には、責任限定・免責規定は適用されないこととしています。

なお、本条に関して問題が生じた場合には、主に「重大な」過失か否かで争われることが多いと思われますが、万が一重過失が認定されて責任限定・免責規定が適用されないような事態となった場合に備えて、保険の適用等を含めて、運営者のリスクをいかに軽減するかを検討しておくことも必要でしょう。

21　対象データ等の漏えい等の場合の対応

> 第21条（対象データ等の漏えい等の場合の対応）
> 1．会員は、自らによる対象データ等の漏えい、喪失、本規約に違反する対象データ若しくは派生データの利用（これらを総称して、以下「本漏えい」といいます。）を発見した場合、又は本漏えいが合理的に疑われる場合には、直ちに運営者にその旨を通知するものとします。
> 2．運営者及び会員は、協力して本漏えいの事実の有無を確認し、本漏えいの事実が確認できた場合には、その原因を調査し、再発防止策について検討するとともに、運営者は、その概要を必要な範囲で、他の全ての会員に対して周知するものとします。
> 3．前項の調査に基づき、本漏えいの原因が当該会員にある場合には、当該調査費用及び再発防止策の費用は、当該会員の負担とします。

21条1項では、データの漏えいや喪失、規約違反の利用により、データ提供者やデータ利用者の損害が拡大することを防止するために、発見者の通知義務を定めています。また、2項では、通知を受けたプラットフォーム運営者が協力して対処することに加えて、通知後の事実確認、原

注32）筒井健夫ほか『一問一答民法（債権関係）改正』（商事法務、2018）251頁-252頁。

【図表 3-8】個人情報取扱事業者が講ずることが望ましい措置

① 事業者内部における報告および被害の拡大防止	責任ある立場の者に直ちに報告するとともに、漏えい等事案による被害が発覚時よりも拡大しないよう必要な措置を講ずる。
② 事実関係の調査および原因の究明	漏えい等事案の事実関係の調査および原因の究明に必要な措置を講ずる。
③ 影響範囲の特定	前記②で把握した事実関係による影響の範囲を特定する。
④ 再発防止策の検討および実施	前記②の結果を踏まえ、漏えい等事案の再発防止策の検討および実施に必要な措置を速やかに講ずる。
⑤ 影響を受ける可能性のある本人への連絡等	漏えい等事案の内容等に応じて、2次被害の防止、類似事案発生防止等の観点から、事実関係等について、速やかに本人へ連絡し、または本人が容易に知り得る状態に置く。
⑥ 事実関係および再発防止策等の公表	漏えい等事案の内容等に応じて、2次被害の防止、類似事案発生防止等の観点から、事実関係および再発防止策等について、速やかに公表する。

因の調査と再発防止策の実施を規定しています。さらに、同様の事案を防止するために、その概要を必要な範囲で他の会員にも通知することとしています。3項では、調査費用および再発防止策の費用を、漏えい等の原因となった者が負担することとしています。

このようなデータの漏えいに関して運営者に原因があった場合には、17条1項の善管注意義務等の違反となることが考えられますが、その場合には、上記の表明保証(18条)、責任限定・免責規定(20条)の範囲内で運営者が賠償責任を負うことになります。

なお、対象データに個人情報が含まれる場合には、個人データ等の漏えい等の事案が発生した場合等の対応として、2次被害の防止、類似事案の発生防止の観点から、個人情報取扱事業者が講ずることが望ましい措置として【図3-8】の①～⑥が挙げられていますので[注33]、これらの対応を行う必要もあります。

22　一時的な中断および提供停止

> 第22条（一時的な中断及び提供停止）
> 1．運営者は、次の各号のいずれかに該当する場合には、会員への事前の通知又は承諾を要することなく、本サービスの提供を中断することができるものとします。
>   (1)　運営者設備の故障により保守を行う場合
>   (2)　運用上又は技術上の理由でやむを得ない場合
>   (3)　その他天災地変、戦争、暴動、内乱、自然災害等の不可抗力により、一定期間、本サービスを提供できない場合
> 2．運営者は、運営者設備の定期点検を行うため、会員に事前に通知又は本プラットフォーム上で周知の上、本サービスの提供を一時的に中断することができるものとします。
> 3．運営者は、会員が第15条第1項各号のいずれかに該当する場合又は会員が本利用契約若しくは本規約に違反した場合には、当該会員への事前の通知若しくは催告を要することなく、当該会員に対する本サービスの全部又は一部の提供を停止することができるものとします。
> 4．運営者は、前各項に定める事由のいずれかにより本サービスを提供できなかったことに関して会員又は第三者が損害を被った場合であっても、一切責任を負わないものとします。但し、運営者に故意又は重大な過失がある場合には、この限りではないものとします。

　運営者は、プラットフォームの運営中に、保守点検や設備の不具合により、サービス提供を中断する必要があることから、22条1項・2項では、プラットフォームにおけるサービスの中断事由を列挙しています。また、3項では、15条の禁止事項その他の利用契約・利用規約の規定に違反した会員に対する制裁措置として、プラットフォームサービスの全部または一部を停止することができることとしています。

注33）個人情報保護委員会「個人データの漏えい等の事案が発生した場合等の対応について」（平成29年個人情報保護委員会告示第1号）参照。

23　サービスの廃止

> 第23条（本サービスの廃止）
> 　運営者は、次の各号のいずれかに該当する場合、本サービスの全部又は一部を廃止することができるものとします。
> (1)　天災地変、戦争、暴動、内乱、自然災害等の不可抗力により本サービスを提供することができなくなった場合
> 〔(2)　廃止日の〇か月前までに会員に対して通知した場合又は本プラットフォーム上で周知した場合〕

　23条では、サービスの廃止事由を定めています。1号の不可抗力に加えて、2号では、特別の理由がなくても、一定期間前に会員に対して通知・周知することでサービスを停止することができるようにしています。もっとも、2号の規定を設ける必要があるかどうかは、プラットフォームの目的によって変わってきますし（特に、会員が少数のクローズドなタイプにはなじまないように思われる）、例えば、全会員あるいは会員の3分の2の同意があった場合など、他の廃止事由を定めておくことも考えられます。

　また、データ連携の取組みによっては、当初から期間限定のプロジェクトもありますので、廃止事由ではなく、有効期限を定めておくことも考えられます。これらの他にも、プラットフォーム運営者が第三者からソフトウェア等のライセンスを受けることによりプラットフォームを運営しているような場合には、当該ライセンスが打ち切られたような場合にはサービスも提供できなくなってしまうことから、「運営者の作成、制作によらないソフトウェア等又は運営者の製造によらないハードウェア等のライセンス、製造若しくは販売等の停止、若しくはそれらのサポートが終了した場合」といった廃止事由を定めておくこともあります。

24　利用規約の変更

> 第24条（本規約の変更）
> 　運営者は、あらかじめ〇日以上の予告期間を置いて、変更後の新利用規約の内容を会員に通知し又は本プラットフォーム上で周知することにより、会

> 員の事前の承諾を得ることなく、本規約を随時変更することができるものとします。この場合、本規約が変更された後の本サービスの提供条件は、変更後の新利用規約を適用するものとします。

(1) 利用規約の変更手続

　24条では、利用規約の変更手続について定めています。データ共有に関するプラットフォームの利用規約に限りませんが、利用規約は運営者と各利用者との間の個別の利用契約の内容になりますので、運営者がその契約内容を変更しようとする場合には、原則として契約の相手方である利用者の同意が必要となります。したがって、単に「運営者が利用規約を随時変更することができる」という規定を設けておくだけでは、必ずしも一方的に変更した利用規約が常に適用されるわけではないという点に留意が必要です。

　この点に関して、ウェブサイトの利用規約の変更について、利用者による明示的な変更への同意があれば、変更された利用規約が当事者の契約関係に組み入れられることになりますが、利用者による明示的な変更への同意がない場合であっても、事業者が利用規約の変更について利用者に十分に告知した上であれば、変更の告知後も利用者が異議なくウェブサイトの利用を継続していることをもって、黙示的に利用規約の変更への同意があったと認定して差し支えない場合があると考えられています。

　この黙示の同意を認定する上では、①変更の告知により、利用者が少なくとも利用規約に何らかの変更がなされる事実を認識しているであろうと認定できること、および、②利用者に対して変更内容が適切に開示されていることがまず必要となり、黙示の同意の成否を認定するに当たっての具体的な考慮要素としては、例えば、以下のような事情が考えられます[注34]。

　①　変更が一般の利用者に合理的に予測可能な範囲内であるか否か
　②　変更が一般の利用者に影響を及ぼす程度
　③　法令の変更への対応、悪意の利用者による不正やトラブルへの対応、条項・文言の整理など、一般の利用者であれば当然同意するであろう

注34）電子商取引準則26頁以下参照。

内容であるか否か
④ 変更がサービスの改良や新サービスの提供など利用者にもメリットのあるものであるか否か

(2) **改正民法における取扱い**

2020年4月1日施行の改正民法において、「定型約款」(定義については、1条の解説(3)参照)について相手方の同意を得ることなく一方的に契約の内容を変更する手続についての明文規定が設けられます。すなわち、以下のいずれかに該当する場合には、変更後の定型約款の条項について合意があったものとみなされることになります(改正民法548条の4第1項)。

① 定型約款の変更が、「相手方の一般の利益」に適合するとき、または、
② 定型約款の変更が、契約目的に反せず、かつ変更の「必要性」、変更後の内容の「相当性」、定型約款の変更をすることがある旨の定めの有無およびその内容その他の変更にかかる事情に照らして「合理的」なものであるとき

上記②の「定型約款の変更をすることがある旨の定めの有無及びその内容」については、約款の変更条項において定型約款を一方的に変更するための要件や手続が定められていた場合に、実際に行われた変更がその定めの内容を充足するものであったことをもって、定型約款の変更が合理的であることを示す事情として考慮するということを意味します。

したがって、単に定型約款を変更することがある旨を規定しておくだけでは、合理性を肯定する事情として考慮することは困難である一方で、変更条項を定めておくこと自体は定型約款の変更の要件とはされていないため、変更条項がなくとも定型約款の変更が認められる余地はあります[注35]。

上記の実体的な要件に加えて、手続的な要件として、定型約款の変更の効力発生時期を定め、かつ、変更内容と合わせてインターネットの利用その他の適切な方法により「周知」することが必要であり、効力発生時期が到来するまでに当該周知をしなければ、変更の効力は生じないことになります(改正民法548条の4第2項・3項)。

注35) 筒井健夫ほか『一問一答民法(債権関係)改正』(商事法務、2018)260頁。

以上を踏まえ、利用規約が民法上の定型約款に該当する場合には、利用規約を一方的に変更できる場合として、上記①②に則した規定を設けて、プラットフォーム上で公表することを定めておくことが考えられます。その場合には、以下のような条項になります。

> 第○条（本規約の変更）
> 1．運営者は、以下の各号のいずれかに該当する場合に、本規約を随時変更することがあります。なお、この場合には、会員の利用条件その他本契約の内容は、変更後の新利用規約を適用するものとします。
> (1) 本規約の変更が会員の一般の利益に適合するとき、又は、
> (2) 本規約の変更が、本目的に反するものではなく、かつ変更の必要性、変更後の内容の相当性及び合理性があるとき
> 2．運営者は、前項の変更を行う場合は、○日の予告期間をおいて、変更後の新利用規約の内容を会員に通知するとともに、本プラットフォーム上において周知するものとし、当該予告期間の満了日の経過をもって、本規約の変更の効果が生じるものとします。

(3) 利用規約の変更前に提供したデータの取扱い

利用規約の変更によって、対象データや派生データの利用条件等が変更されるような場合には、変更前にプラットフォームに提供された対象データや、当該対象データを加工して得られた派生データの取扱いが議論になる場合もあると思われます。このようなデータについては、特段の規定がなければ、変更後の利用条件に従うことになりますが、変更前に提供された対象データ等については変更前の規定を適用することとして、以下のような規定を設けておくことも考えられます。

> ○．本条に基づいて本規約が変更された場合であっても、変更前に本プラットフォームに提供された対象データ及びその派生データの利用条件については、なお従前の利用条件の規定が適用されるものとします。

25　会員による解約

> 第25条（会員による解約）
> 　会員は、解約希望日の〇日前までに運営者が定める方法により運営者に通知することにより、解約希望日をもって本利用契約を解約することができるものとします。

　25条では、会員からの一定期間前の通知による利用契約の解約を定めています。この条項では、特に理由がない場合でも任意に解約できることとなっていますが、プラットフォームによっては、会員が継続的にデータを提供することが前提となっている場合もあり、その場合には、上記のような任意解約ではなく、プラットフォームから離脱することとなってもやむを得ない事由がある場合に限って解約を認めるなど、解約事由を限定しておく必要があります。

26　運営者による解約

> 第26条（運営者による解約）
> 　運営者は、会員が次の各号のいずれかに該当すると判断した場合、当該会員への事前の通知又は催告を要することなく本利用契約を解約することができるものとします。
> (1)　会員が本利用契約又は本規約に違反し、運営者がかかる違反の是正を催告した後〇日以内に是正されない場合
> (2)　第4条に定める会員資格を満たさないことが判明した場合
> (3)　利用申込書その他通知内容等に虚偽記入又は重大な記載漏れがあった場合
> (4)　支払停止又は支払不能となった場合
> (5)　差押え、仮差押え若しくは競売の申立があった場合、又は、公租公課の滞納処分を受けた場合
> (6)　破産手続開始、特別清算開始、会社更生手続開始、民事再生手続開始の申立があったとき、又は、信用状態に重大な不安が生じた場合
> (7)　解散、事業の全部又は重要な一部の譲渡等の決議をした場合
> (8)　第23条により本サービスの全部を廃止した場合その他本利用契約を継続することが困難となる事由が生じた場合

26条では、プラットフォーム運営者からの解約事由として、契約等に定められる一般的な事由を規定していますが、プラットフォームの目的等によって、個別に解約事由を追加することが考えられます。なお、上記は会員が事業者であることを前提とした解約事由ですので、会員が個人の場合には、特に6号および7号は削除または修正が必要となります。

27　反社会的勢力の排除

第27条（反社会的勢力の排除）
1．会員及び運営者は、自らが、反社会的勢力（暴力団、暴力団員、暴力団員でなくなった時から5年を経過しない者、暴力団準構成員、暴力団関係企業、総会屋等、社会運動等標ぼうゴロ又は特殊知能暴力集団、その他これらに準ずる者をいいます。以下同じ。）に該当しないこと、及び反社会的勢力と以下の各号の一にでも該当する関係を有しないことを相手方に表明保証する。会員及び運営者は、相手方が反社会的勢力に該当し、又は以下の各号の一に該当することが判明した場合には、何らの催告を要せず、本利用契約を解約することができるものとします。
⑴　反社会的勢力が経営を支配していると認められるとき
⑵　反社会的勢力が経営に実質的に関与していると認められるとき
⑶　自己、自社若しくは第三者の不正の利益を図る目的又は第三者に損害を加える目的をもってするなど、不当に反社会的勢力を利用したと認められるとき
⑷　反社会的勢力に対して資金等を提供し、又は便宜を供与するなどの関与をしていると認められるとき
⑸　その他役員等又は経営に実質的に関与している者が、反社会的勢力と社会的に非難されるべき関係を有しているとき
2．会員及び運営者は、相手方が自ら又は第三者を利用して以下の各号の一に該当する行為をした場合には、何らの催告を要せず、本利用契約を解約することができるものとします。
⑴　暴力的な要求行為
⑵　法的な責任を超えた不当な要求行為
⑶　取引に関して、脅迫的な言動をし、又は暴力を用いる行為
⑷　風説を流布し、偽計若しくは威力を用いて相手方の信用を毀損し、又は相手方の業務を妨害する行為
⑸　その他前各号に準ずる行為

27条は、会員または運営者が反社会的勢力と関係がある場合等におけ

る利用契約の解約を規定しています。この規定は、データ連携のためのプラットフォームに特有のものではなく、一般的な契約等に定められる反社会的勢力の排除に関する条項になります。

28　解約の効果

> 第28条（解約の効果）
> 1．前三条に基づき運営者と一の会員との間の本利用契約が解約された場合であっても、当該解約は、当該会員と運営者との間でのみ効力を有し、当該解約の効力は他の会員には及ばないものとします。
> 2．前三条に基づく本利用契約の解約の効果は、将来に渡ってのみ生じるものとし、既に当該会員が本プラットフォームに提供した対象データ、当該会員が取得した対象データ及びその派生データ、並びに、運営者が加工して作成された統計データについては影響を及ぼさないものとします。
> 3．前項の規定にかかわらず、前二条に基づき本利用契約が解約された場合であって、その原因が会員にある場合には、当該会員は、本プラットフォームから取得した対象データ及びその派生データについて、直ちに削除するものとし、解約後は一切利用することができないものとします。
> 4．会員は、本利用契約が解約された時点において、未払いの利用料金その他の金銭債務がある場合には、当該債務の期限の利益を喪失し、直ちにこれを支払わなければならないものとします。
> 5．本利用契約が終了した場合であっても、第11条、第16条、第20条、第21条、本条及び第29条乃至第33条の規定は有効に存続するものとする。

28条では、利用契約が解約された場合の効果を規定しています。1項は、利用契約を解約した／された会員とプラットフォーム運営者との間でのみ解約の効力が生じることとし、他の会員には影響を及ぼさないことを規定しています。

2項では、すでにプラットフォームに提供された対象データおよびその派生データ、ならびに、運営者が加工して作成された統計データについても、解約の影響を及ぼさないものとして、データ利用の安定性を図っています。

なお、ある会員との間で本利用契約が解約された場合であっても、特段禁止する規定がない限り、当該会員が合法的にアクセス可能な対象データ等については、当該会員が利用することが可能です。もっとも、解約の原

因となった会員について、解約後にも対象データ等の利用を認める必要はないことから、3項では、解約の原因が会員にある場合には、解約後は一切利用することができないこととしています。

29　一般条項

第29条（秘密保持）
1．会員及び運営者（以下「情報受領者」といいます。）は、本プラットフォームの利用に関して開示を受けた情報（但し、対象データ及び派生データを除きます。）のうち、運営者又は他の会員（以下「情報開示者」といいます。）が特に秘密である旨をあらかじめ書面で指定した情報で、提供の際に秘密情報の範囲を特定し、秘密情報である旨の表示を明記した情報（以下「秘密情報」といいます。）を、情報開示者の書面による事前の承諾なく、第三者に開示又は遺漏しないものとし、かつ、本目的以外の目的で使用しないものとします。但し、次の各号のいずれかに該当する情報については、この限りではありません。
(1)　秘密保持義務を負うことなく既に保有している情報
(2)　秘密保持義務を負うことなく第三者から正当に入手した情報
(3)　本利用契約及び本規約に違反することなく、かつ、受領の前後を問わず公知となった情報
(4)　情報開示者から開示を受けた情報によらず、独自に開発した情報
2．前項の規定にかかわらず、情報受領者は、本サービスの利用又は提供に必要な範囲で秘密情報を了知する必要のある自らの役員及び従業員に対して、秘密情報を開示することができるものとします。
3．本条に基づく義務は、本利用契約が終了した後も○年間存続するものとします。

第30条（権利義務の譲渡禁止）
　会員は、あらかじめ運営者の書面による承諾がない限り、本利用契約上の地位、本利用契約に基づく権利又は義務の全部又は一部を他に譲渡してはならないものとします。

第31条（合意管轄）
　会員と運営者の間の本利用契約及び本規約に起因又は関連する一切の紛争は、○○地方裁判所を第一審の専属的合意管轄裁判所とします。

> 第32条(準拠法)
> 　本利用契約及び本規約の解釈に関する準拠法は、日本法とします。
>
> 第33条(協議等)
> 　本利用契約及び本規約に規定のない事項及び規定された項目について会員と運営者との間で疑義が生じた場合は、両者誠意を持って協議の上解決することとします。

　29条から33条までは、一般条項を規定しています。

　29条では秘密保持義務を定めていますが、対象データと派生データについても秘密保持義務を負うこととなると、利用できる範囲が極めて狭くなってしまうため、対象データと派生データについては利用条件(11条)や管理方法(14条4項)の規定に従うこととして、秘密保持義務の対象からは除外しています。

30　まとめ

　実際にプラットフォームを構築する際に利用規約を作成するにあたっては、プラットフォームの目的やビジネスの内容、プラットフォームを構築する際に用いられる技術等の多角的な観点から検討・確認をする必要があります。プラットフォームの事業の成否は、どれだけデータが集まり、利用されているかにかかっていますが、データの集積を増やすためには、データ提供者に対するデータ提供への適切なインセンティブを付与する必要があります。また、データ保護とデータ利用のバランスをどのように取るか、また、データ提供者・利用者のプラットフォームに対する信頼をどのように得るかも重要となってきます。プラットフォームの利用規約が定めている利用料金、権利関係、利用条件、保証、損害賠償等の規定は、データ提供のインセンティブやデータ提供者・利用者の信頼に直接的に影響します。したがって、プラットフォームの利用規約は、単に「法律的に正しいか」「法的リスクを回避できるか」という観点だけではなく、「データプラットフォームの仕組みとして、適切なインセンティブ設計がされているか、データ保護と利用のバランスが適切か、データ提供者・利用者の信頼を得る仕組みになっているか」という視点も重要となります(むしろ

後者の方が重要です）。

　また、利用規約の内容について、経営企画や営業等のビジネスの担当者、データを共有するシステムの技術担当者、法務担当者それぞれが意図しているところが思わぬところで異なっていることも少なくないため、ビジネスサイドの要望を踏まえて、技術的にどのようなものが可能か、それを法的に規約の条項として規定するとどのような文言となるかを検討して案を作成し、ビジネスサイド、技術者サイドの意図するところが正確に反映されているかを、それぞれが慎重に確認しながら作成していくことが望ましいといえるでしょう。

巻末資料

データ利用に関する契約（①データ提供型）

株式会社〇〇（以下「甲」という。）と株式会社〇〇（以下「乙」という。）とは、甲が乙にて提供する〇〇〇〇に関するデータの取扱いについて、以下のとおりのデータ取引契約（以下「本契約」という。）を締結する。

第1条（目的）
　本契約は、両当事者が〇事業（以下「本事業」という。）により〇を行うことを目的（以下「本目的」という。）とする。

第2条（定義）
　本契約において使用される用語は、以下の意味を有するものとする。
⑴　「対象データ」とは、［本事業に基づいて創出、取得又は収集されるデータをいい、］その詳細は別紙1に定める。
［⑵　「対象データ等」とは、対象データ及び派生データをいう。］
⑶　「加工」とは、対象データを加工、編集、統合［、分析］［等］することをいう。
⑷　「派生データ」とは、対象データを加工したデータをいう。［但し、派生データには、対象データを解析又は分析して得られた知見及びノウハウは含まないものとする。］
⑸　「利用」とは、利用、使用、加工、開示、利用許諾、移転、譲渡及び処分等することをいう。
［⑹　「売上金額」とは、派生データを第三者に提供することによって、当該第三者から対価として受領した金額をいう。］

第3条（対象データの提供方法）
　甲は、本契約の有効期間中、乙に対して対象データを、別紙1に定める仕様及び提供方法で提供する。［但し、甲は、データ提供の〇日前までに乙に通知し、乙が同意［（但し、この同意は不合理に留保されないものとする。）］した場合には別紙1の仕様及び提供方法を変更することができる。］

第4条（対象データの利用条件）
1．乙は、本契約の有効期間中、対象データの種別に応じて、別紙1において定

める利用条件により、対象データを利用できるものとする。
2．乙は、第1項により認められた利用条件以外の態様で、対象データを利用してはならないものとする。
［3．対象データに係る一切の利用条件を決定する権限［及び著作権（著作権法27条及び28条の権利を含む。以下同じ。）］は、別紙1に定めのあるものを除き、甲が有するものとする。［但し、対象データのうち、第三者に著作権が帰属するものはこの限りではない。］［甲は、乙による対象データの利用について著作者人格権を行使しないものとする。］］

第5条（派生データの利用条件）
【①派生データの利用条件を詳細に定める場合】
1．対象データの加工により得られた派生データに係る利用条件は、対象データの種別に応じて、別紙2において定めるとおりとする。但し、派生データのうち別紙2に特段の定めがないものについては、［○が／両当事者で協議し別途合意した上で］、当該派生データの利用条件を定めるものとする。
2．乙は、前項により各当事者に認められた利用条件以外の態様で、派生データを利用等してはならないものとする。
［3．派生データに係る［知的財産権／著作権（著作権法27条及び28条の権利を含む。以下同じ。）］の帰属は、対象データの種別に応じて、別紙2において定めるとおりとする。［甲及び乙は、相手方当事者による派生データの利用について著作者人格権を行使しないものとする。］］

【②一方当事者のみが利用できる場合】
1．派生データに関しては、当事者間で別途合意した場合を除き、乙のみが利用することができ、甲は何の権利を有しないものとする。
2．対象データ及び派生データの乙の利用に基づき生じた発明、考案、創作及び営業秘密等に関する知的財産権は、乙に帰属する。［甲及び乙は、相手方当事者による対象データの利用について著作者人格権を行使しないものとする。］

【③対象データに準じる場合】
　派生データに対する利用条件は、加工の対象となった対象データに対する利用条件に準じるものとする。

第6条（第三者への提供等）
1．乙は、第4条又は第5条による利用条件に基づき、対象データ及び派生データの全部又は一部を第三者に提供し又は当該第三者に利用をさせる場合（以下「第三者提供等」という。）には、あらかじめ甲に対して、第三者提供等の対象となるデータ及びその条件を書面により通知するものとする。なお、乙は、甲の事前の書面による承諾なく、第三者提供等を受けた第三者に対して、更に第

三者提供等をする権限を与えることはできないものとする。
2．乙は、第三者提供等をする場合には、提供先となる第三者との間で、本契約において自らが負う秘密保持義務、データの管理・保管義務その他のデータの取扱いに関する義務と同等の義務を負わせる契約を締結しなければならないものとする。

第7条（対価・支払条件）
【①無対価の場合】
　甲は、対象データ及び派生データの利用条件を定めた対価として、乙に対して、譲渡費用、利用許諾に対する対価その他の対価を請求する権利を有しないものとする。

【②従量課金の場合】
1．乙は、対象データ及び派生データを利用する対価として、甲に対し、別紙に定める1単位あたり月額〇円を支払うものとする。
2．甲は、毎月月末に乙が利用している単位数を集計し、その単位数に応じた利用許諾の対価を翌月〇日までに乙に書面（電磁的方法を含む。以下同じ。）で通知する。
3．乙は、本契約期間中、第1項に定める金額に消費税額を加算した金額を、前項の通知を受領した日が属する月の末日までに甲が指定する銀行口座に振込送金の方法によって支払うものとする。なお、振込手数料は乙の負担とする。

【③固定料金の場合】
1．乙は、対象データ及び派生データを利用する対価として、毎月月末までに月額〇円（消費税別）を甲が指定する銀行口座に振込送金の方法によって支払うものとする。なお、振込手数料は乙の負担とする。
2．前項の対象データ及び派生データの利用の対価の計算は、月の初日から末日までを1月分として計算し、乙による対象データの利用可能な期間が月の一部であった場合、対価は利用した期間の日割り計算によるものとする。

【④売上配分の場合】
1．乙は、本契約の有効期間中、各計算期間（［4月1日〜翌年3月31日］とする。）における〇によって生じた売上金額その他甲の指定する事項に関する報告書を作成し、当該計算期間終了後［15］日以内に甲に対して提出しなければならない。
2．乙は、〇によって生じた売上金額の〇％（消費税別）を、対象データ及び派生データを利用する対価として、第1項に定めた報告書を提出した日の翌月末日までに、甲が指定する銀行口座に振込送金の方法によって支払うものとする。なお、振込手数料は乙の負担とする。

3．乙は、第1項にいう報告書に記載する事項に関しては適正な帳簿を作成し、これを本契約の有効期間中、保存・保管しなければならない。甲は、自ら又は代理人をして、本契約の有効期間中、合理的な事前の通知を行うことにより、乙の営業時間内において、乙が保管する当該帳簿の閲覧・謄写を行うことができる。
4．甲は、前項における帳簿の閲覧及び検査により知り得た乙の機密事項を第三者に開示・漏えいしてはならない。また、甲は、帳簿の閲覧及び検査により知り得た乙の機密事項を前項以外のいかなる目的・用途にも利用してはならない。

【⑤実用化した段階で対価を決定する場合】
　甲は、乙に対象データを提供するにあたり、乙が対象データ及び派生データを［本目的／〇目的］で利用する限り、乙に対して対象データの利用に対する対価その他の対価を請求する権利を有しない。但し、乙が対象データを利用して［開発した製品の販売］を行う場合には、対象データの利用に対する対価について甲乙間で別途協議するものとする。

第8条（対象データ等に係る保証）
1．甲は、乙に対して、本契約に基づき乙が利用する対象データ（以下「相手方利用データ」という。）の正確性、完全性（対象データに瑕疵又はバグが含まれていないことを含む。）、安全性（相手方利用データがウィルスに感染していないことを含む。）及び有効性（相手方利用データの本目的への適合性を含む。）を［保証する／知る限り保証する／知りうる限り保証する／確保するように努める／保証しない］。
［2．甲は、乙に対して、対象データについて［瑕疵担保責任／契約不適合責任］を負わない。］
［3．甲は、対象データが、適法な方法によって取得され、乙に対し提供することが法令及び契約に反しないことを［保証する／知る限り保証する／知りうる限り保証する／保証しない］。］
［4．甲は、乙に対して、対象データが必ず創出させることを保証するものではない。］
5．甲は、乙に対して、第三者の知的財産権を侵害しないことを［保証する／知る限り保証する／知りうる限り保証する／保証しない］。
6．甲は、相手方利用データに第三者の知的財産権の対象となるデータが含まれる場合その他の乙の利用について制限があり得ることが判明した場合には、速やかに乙と協議の上、協力して当該第三者からの利用許諾の取得又は当該データを除去する措置その他の乙が利用することができるために必要な措置を講じるよう努力するものとする。
7．本契約の他の規定にかかわらず、甲は、以下のいずれかの事由を原因として、乙に損害を被らせた場合には、当該損害を賠償する責任を負うものとする。

(1) 対象データの全部又は一部を改ざんして、乙に利用させた場合
(2) 自らが取得し乙に提供した相手方利用データの正確性、完全性、安全性、有効性のいずれかに問題があること、又は、当該相手方利用データが第三者の知的財産権その他の権利を侵害していることを、故意若しくは重大な過失により告げずに乙に利用させた場合

第9条（対象データ等の管理）
1．乙は、自らが保有する対象データ及び派生データを自らが保有する他のデータと明確に区別し、善良な管理者の注意をもって、適切な管理手段（セキュリティ及びバックアップを含む。）を用いて［秘密として／営業秘密として／限定提供データとして］管理・保管しなければならないものとする。
2．乙は、対象データ［及び派生データ］を利用条件の範囲内で、知る必要のある自己の役員・従業員に対してのみ開示するものとする。
3．乙が自ら保有する対象データ及び派生データの管理・保管費用については、乙の負担とする。
4．甲は、乙が保有する対象データ及び派生データの管理状況について、乙に対して、書面（メールその他の電磁的方法を含む。以下同じ。）による報告を［いつでも／合理的に必要な範囲で］求めることができる。当該報告に関して、甲は、乙において対象データ及び派生データの漏えい又は喪失のおそれがあると判断した場合には、乙に対して対象データ及び派生データの管理方法・保管方法の是正を求めることができる。
5．前項の報告又は是正の要求がなされた場合、乙は速やかにこれに応じなければならない。

第10条（個人情報の取扱い）
1．甲は、乙に提供する対象データ及び派生データに個人情報の保護に関する法律（以下「個人情報保護法」という。）に定める個人情報又は匿名加工情報（以下「個人情報等」という。）が含まれる場合には、乙に対して、あらかじめその旨を明示しなければならない。
2．甲及び乙は、対象データ及び派生データの生成、取得及び提供等に際して、個人情報保護法に定められている手続を履践していることを保証する。
3．甲及び乙は、自らが取得する対象データ及び派生データに個人情報等が含まれる場合には、個人情報保護法を遵守し、個人情報等の管理に必要な措置を講じるものとする。
［4．甲は、個人情報等によって識別される特定の個人から個人情報等を含んだ提供データ及び派生データの乙への提供に関して同意の撤回や異議の申し出があった場合には、乙に通知するものとし、甲乙間で速やかに対応を協議、実施するものとする。］
［5．乙は、自らの役員又は従業員の中から個人情報の機密保護を確保するのに

ふさわしい管理者を定め、甲に通知しなければならない。なお、管理者に追加又は変更があった場合には、速やかに甲に通知しなければならない。］

第11条（対象データ等の漏えい時の対応及び責任）
1．乙は、自らに対象データ及び派生データの漏えい、喪失、利用条件に反した利用等その他の本契約に違反する対象データ及び派生データの取扱い（以下「本漏えい」という。）を発見した場合、又は本漏えいが合理的に疑われる場合には、直ちに甲に対してその旨を通知しなければならない。
2．前項の場合には、当該通知をした乙は、自らの費用と責任において、直ちに本漏えいの事実の有無を確認するための調査をしなければならない。当該調査によって本漏えいが確認された場合には、速やかにその原因を究明した上で合理的に必要となる再発防止策を策定し、甲に対して報告しなければならない。
3．前項に基づき再発防止策を報告した乙は、当該再発防止策を適切に実施するものとする。
4．乙は、本漏えいにより甲に回復不能な重大な損害が生じ、又はそのおそれがある場合に、甲が本漏えいに係る行為を差し止める又はその差止めに係る仮の地位を定める仮処分を申し立てる権利を有することを承諾する。
［5．甲及び乙は、自らの本漏えいにより、甲に損害が生じた場合、違約金として〇円を支払う義務を負う。但し、甲が実際に被った損害が当該違約金の額を上回る場合には、甲が実際の損害額を立証することにより、当該損害額の賠償を請求することができるものとする。］

第12条（秘密保持義務）
1．甲及び乙は、本契約に関して相手方当事者から開示を受けた情報（但し、対象データ及び派生データを除く。以下「秘密情報」という。）を厳に秘密として保持し、これを本目的のためのみに利用するものとし、本目的の達成に必要な範囲内で、知る必要のある自己の役員・従業員又は弁護士、税理士、公認会計士その他の専門家に対して開示する場合を除き（但し、甲及び乙は、これらの者に対して秘密情報を開示する場合に、当該秘密情報の開示を受ける第三者が法律上守秘義務を負う者でないときは、当該秘密情報の取扱いについて本契約に定める秘密保持義務と同一の義務をこれらの者に負わせるものとする。）、相手方当事者の書面による承諾なく、第三者に開示、提供、漏えいしてはならない。
2．前項の規定にかかわらず、次の各号のいずれかに該当する情報は、秘密情報にはあたらないものとする。［但し、開示を受た当事者が書面によってその根拠を立証できる場合に限り、以下の情報は秘密情報にあたらないものとする。］
　(1) 相手方当事者から開示された時点で、既に公知となっているもの
　(2) 相手方当事者から開示された後で、自らの責に帰すべき事由によらず公知になったもの

(3)　相手方当事者から開示された時点で、既に自ら保有していたもの
　(4)　相手方当事者から開示された後に、正当な権限を有する第三者から開示に関する制限なく開示されたもの
　(5)　相手方当事者から開示された秘密情報を使用することなく自らが独自に開発・認知した情報
３．第１項の規定にかかわらず、甲及び乙は、法令、規則又は司法・行政機関等による規則若しくは規制又は司法・行政機関等により秘密情報の開示が要請される場合には、当該要請に応じるために必要な範囲で、秘密情報を開示することができる。但し、かかる場合には、秘密情報を開示しようとする当事者は、相手方当事者に対して、事前に（但し、緊急を要する場合には、開示後速やかに）、開示する秘密情報の内容を書面により通知するものとする。
４．本条に基づく義務は、本契約が終了した後も〇年間存続するものとする。

第13条（損害賠償）
【①損害賠償責任を制限する場合】
１．甲及び乙は、自らの責めに帰するべき事由による本契約の違反に起因して相手方当事者が被った損害（但し直接かつ現実に生じた通常の損害に限る。以下「損害等」という。）を、相手方当事者に対して賠償する責任を負うものとする。
［２．前項に基づき損害賠償義務を負う者が相手方当事者に対して負担する損害賠償額は、債務不履行、［瑕疵担保責任、］知的財産権の侵害、不当利得、不法行為その他請求原因の如何にかかわらず、第７条に定める対価の金額［として乙が甲に支払った全額／〇か月分］を限度とする。
３．前項は、損害等が損害賠償義務者の故意又は重大な過失に基づくものである場合［、第８条（対象データにかかる保証）、第９条（対象データ等の管理体制）、第11条（対象データ等の漏えい時の対応及び責任）及び第15条３項（個人情報の取扱い）に定める義務の違反に基づくものである場合］には適用しないものとする。］

【②損害賠償責任を制限しない場合】
　甲及び乙は、自らの本契約の違反に起因して相手方当事者が被った一切の損害、損失、費用及び支出（合理的な弁護士費用を含む。以下「損害等」という。）を、相手方当事者に対して賠償する責任を負うものとする。

【③損害賠償責任を負わない場合】（データ受領者（乙）のみが責任を負う場合）
１．甲は、乙による対象データの利用に関連する、又は対象データの乙の利用に基づき生じた発明、考案、創作及び営業秘密等に関する知的財産権の乙による利用に関連する一切の請求、損失、損害又は費用に関し一切責任を負わない。
［２．乙は、対象データの利用に起因又は関連して第三者との間で紛争、クレーム又は請求（以下「紛争等」という）が生じた場合には、直ちに甲に対して書

面により通知するものとし、かつ、自己の責任及び費用負担において、当該紛争等を解決する。甲は、当該紛争等に合理的な範囲で協力するものとする。
3．乙は、前項に定める紛争等に起因又は関連して甲が損害、損失又は費用（合理的な弁護士費用を含み、以下「損害等」という）を被った場合（但し、当該紛争等が甲の帰責事由に基づく場合を除く）、甲に対して、当該損害等を補償する。］

第14条（免責）
1．前条の規定にかかわらず、本契約の有効期間中において、天変地変、戦争、暴動、内乱、自然災害、停電、通信設備の事故・クラウドサービス等の外部サービスの提供の停止又は緊急メンテナンス、法令の制定改廃その他甲及び乙の責めに帰すことができない事由による本契約の全部又は一部の履行遅滞若しくは履行不能については、甲及び乙は責任を負わないものとする。

【①知的財産権の非侵害を保証しない場合】
2．甲は、乙による対象データ及び派生データの利用に関連する、又は対象データ及び派生データの利用に基づき生じた発明、考案及び営業秘密等に関する知的財産権の利用に関連する一切の損害等に関して責任を負わないものとする。

【②知的財産権の非侵害を保証する場合】
2．甲は、乙に対して、対象データ及び派生データ並びにそれらの利用が第三者の知的財産権を侵害しないことを保証する。当該保証に反して、乙による対象データ及び派生データ並びにそれらの利用が第三者の知的財産権を侵害したときは、甲は乙に対し、［第7条の対価の金額を限度として、］かかる侵害により乙に生じた損害を賠償する。但し、かかる知的財産権の侵害が乙の責に帰する場合はこの限りではなく、甲は責任を負わないものとする。

第15条（有効期間）
　本契約の有効期間は、本契約の締結日から〇年間とする。但し、当該有効期間の満了日から〇か月前までに当事者のいずれかから書面による契約終了の申し出がないときは、本契約と同一の条件で、さらに〇年間継続するものとし、以後も同様とする。

第16条（解除）
1．甲及び乙は、相手方当事者に以下のいずれかに該当する事由が発生した場合には、何ら催告なくして、本契約を解除することができる。
　(1)　本契約の一に違反し、相当の期間を定めて催告したにもかかわらず、その違反が是正されなかった場合
　(2)　対象データ及び派生データの漏えい等をした場合

(3)　支払停止又は支払不能となった場合
　(4)　差押え、仮差押え若しくは競売の申立があった場合、又は公租公課の滞納処分を受けた場合
　(5)　解散、事業の全部又は重要な一部の譲渡等の決議をした場合
　(6)　破産、民事再生、特別清算、会社更生手続の開始が申立てられ、又はこれに類する法的倒産手続が申立てられた場合。但し、これらの申立が債権者によりなされた場合には、裁判所がその手続開始決定をした場合（特別清算の場合には手続開始命令をした場合）とする。
2．甲及び乙は、自らが、反社会的勢力（暴力団、暴力団員、暴力団員でなくなった時から5年を経過しない者、暴力団準構成員、暴力団関係企業、総会屋等、社会運動等標ぼうゴロ又は特殊知能暴力集団、その他これらに準ずる者をいう。以下同じ。）に該当しないこと、及び反社会的勢力と以下の各号の一にでも該当する関係を有しないことを、相手方当事者に対して表明し、保証する。甲及び乙は、相手方当事者が反社会的勢力に該当し又は以下の各号の一に該当することが判明した場合には、何らの催告を要せず、本契約を解除することができる。
　(1)　反社会的勢力が経営を支配していると認められるとき
　(2)　反社会的勢力が経営に実質的に関与していると認められるとき
　(3)　自己、自社若しくは第三者の不正の利益を図る目的又は第三者に損害を加える目的をもってするなど、不当に反社会的勢力を利用したと認められるとき
　(4)　反社会的勢力に対して資金等を提供し又は便宜を供与するなどの関与をしていると認められるとき
　(5)　その他役員等又は経営に実質的に関与している者が、反社会的勢力と社会的に非難されるべき関係を有しているとき
3．甲及び乙は、相手方当事者が自ら又は第三者を利用して以下の各号の一に該当する行為をした場合には、何らの催告を要せず、本契約を解除することができる。
　(1)　暴力的な要求行為
　(2)　法的な責任を超えた不当な要求行為
　(3)　取引に関して、脅迫的な言動をし、又は暴力を用いる行為
　(4)　風説を流布し、偽計若しくは威力を用いて本件当事者の信用を棄損し、又は当本件事者の業務を妨害する行為
　(5)　その他前各号に準ずる行為
4．前三項に基づき相手方当事者により解除権を行使された当事者は、相手方当事者の書面による同意がある場合を除き、解除後は、対象データ及び派生データを一切利用してはならないものとする。
5．甲及び乙は、本契約に別途定める場合のほか、書面で合意することにより、本契約を解約することができる。

第17条（本契約終了後の効力）
1．本契約が終了した場合であっても、第12条乃至第14条、本条及び第18条乃至第22条の規定は有効に存続するものとする。
2．乙は、本契約が終了したときは、対象データ及び派生データのうち別紙3において契約終了時における廃棄又は消去が明記されたものについて、別途甲及び乙が協議の上で定める手続に従い、速やかに廃棄又は消去するものとする。
3．乙は、前項により廃棄又は消去する義務を負うデータ以外の対象データ及び派生データについて、本契約に定める利用条件で引き続き利用できるものとし、第4条乃至第7条、第9条乃至第11条に従って利用しなければならないものとする。
4．甲及び乙は、本契約の終了により、終了時において既に本契約に基づき発生した義務・責任又は終了前の作為・不作為に基づき終了後に発生した本契約に基づく義務・責任を免除されるものではなく、また、本契約の終了は、本契約終了後も継続することが本契約において意図されている甲及び乙の権利、義務、責任には一切影響を及ぼさないものとする。

第18条（費用）
　本契約に別段の定めがある場合並びに甲及び乙が別途合意した場合を除いて、本契約の締結及び履行にかかる費用については、各自の負担とする。

第19条（譲渡禁止）
　甲及び乙は、相手方当事者の事前の書面による同意なしに、本契約、本契約上の地位又はこれらに基づく権利・義務を譲渡、移転その他処分してはならない。

第20条（準拠法）
　本契約は、日本法に準拠し、日本法に従って解釈される。

第21条（紛争解決）
　本契約に起因又は関連して生じた紛争（本契約の各条項の解釈に疑義が生じた場合を含む。）については、まずは甲及び乙が誠実に協議することによりその解決に当たるものとするが、かかる協議が調わない場合には、○地方裁判所を第一審の専属的合意管轄裁判所として裁判により解決するものとする。

第22条（誠実協議）
　本契約に定めのない事項については、甲及び乙は、誠実に協議し、その解決に努めるものとする。

本契約締結の証として、本書を2通作成し、各当事者が署名又は記名捺印の上、各自1通を保有する。

20　年　月　日

　　　　　　　　　　　　　　　甲

　　　　　　　　　　　　　　　乙

別紙1　対象データ
1．対象データおよびその利用条件

	データ名	データ項目等	対象期間	乙の利用条件
1	○○○	【データを特定するに足りる情報(取得機器名、量、粒度、形式等)】	【○年○月○日～○年○月○日】の期間に取得されたもの	【利用目的】 【第三者提供（譲渡又は利用許諾）の可否】 【加工の可否】 [【知的財産権／著作権】]
2	○○○			

2．対象データの仕様、[創出・取得・収集方法及び] 提供方法
○○○○
【どのようなファイル形式で提供するか】
【どのような手段・方法で提供・共有するか】
【提供頻度】
【誰が、どのような方法で、どの情報を創出・取得・収集するか】

巻末資料

別紙2　派生データの利用条件

	データ名	対象データ	対象期間	乙の利用条件
1	○○○	○○及び○○【別紙1を引用する等して特定する】	【○年○月○日～○年○月○日】の期間に取得されたもの	【利用目的】【第三者提供（譲渡又は利用許諾）の可否】【加工の可否】[【知的財産権／著作権】]
2	○○○			

別紙3　契約終了時に廃棄または消去されるデータ

	データ名	対象データ／派生データ	対象期間
1	○○○	○○【別紙1または2を引用する等して特定する】	【○年○月○日～○年○月○日】の期間に取得されたもの
2	○○○		

データ利用に関する契約（②データ創出型）

株式会社○○（以下「甲」という。）と株式会社○○（以下「乙」という。）とは、○○○○に関するデータの取扱いについて、以下のとおりのデータ取引契約（以下「本契約」という。）を締結する。

第1条（目的）
　本契約は、両当事者が○事業（以下「本事業」という。）により○を行うことを目的（以下「本目的」という。）とする。

第2条（定義）
　本契約において使用される用語は、以下の意味を有するものとする。
　(1)　「対象データ」とは、[本事業に基づいて創出、取得又は収集されるデータをいい、]その詳細は別紙1に定める。
　[(2)　「対象データ等」とは、対象データ及び派生データをいう。]
　(3)　「加工」とは、対象データを加工、編集、統合[、分析][等]することをいう。
　(4)　「派生データ」とは、対象データを加工したデータをいう。[但し、派生データには、対象データを解析又は分析して得られた知見及びノウハウは含まないものとする。]
　(5)　「利用」とは、利用、使用、加工、開示、利用許諾、移転、譲渡及び処分等することをいう。
　[(6)　「売上金額」とは、派生データを第三者に提供することによって、当該第三者から対価として受領した金額をいう。]

第3条（対象データの創出・取得・収集方法等）
1．甲及び乙は、本契約の有効期間中、甲が運営する○において、乙が提供する○を使用することにより、対象データを創出・取得・収集するものとし、その詳細は別紙1に定める。
2．甲及び乙は、本契約の期間中、相手方当事者に対して対象データを、別紙1に定める仕様及び提供方法で提供する。
[3．甲及び乙は、前二項にもかかわらず、データ提供の○日前までに相手方当事者に通知し、相手方当事者が同意[(但し、この同意は不合理に留保されないものとする。)]した場合には別紙1の仕様、取得・収集方法及び提供方法を変更することができる。]

第4条（対象データの利用条件）
1．甲及び乙は、本契約の有効期間中、対象データの種別に応じて、別紙1において定める利用条件で、対象データを利用できるものとする。

［2．対象データに係る一切の利用条件を決定する権限［及び著作権（著作権法27条及び28条の権利を含む。以下同じ。）］は、別紙1に定めのあるものを除き、［○が有するものとする／甲及び乙が協議の上、定めるものとする］。［但し、対象データのうち、第三者に著作権が帰属するものはこの限りではない。］［甲及び乙は、相手方当事者による対象データの利用について著作者人格権を行使しないものとする。］］
3．甲及び乙は、前二項により認められた各当事者の利用条件以外の態様で、対象データを利用等してはならないものとする。

第5条（派生データの利用条件）
【①派生データの利用条件を詳細に定める場合】
1．対象データの加工により得られた派生データに係る利用条件は、対象データの種別に応じて、別紙2において定めるとおりとする。但し、派生データのうち別紙2に特段の定めがないものについては、［○が／両当事者で協議し別途合意した上で］、当該派生データの利用条件を定めるものとする。
2．甲及び乙は、前項により各当事者に認められた利用条件以外の態様で、派生データを利用等してはならないものとする。
［3．派生データに係る［知的財産権／著作権（著作権法27条及び28条の権利を含む。以下同じ。)］の帰属は、対象データの種別に応じて、別紙2において定めるとおりとする。［甲及び乙は、相手方当事者による派生データの利用について著作者人格権を行使しないものとする。］］

【②一方当事者のみが利用できる場合】
1．派生データに関しては、当事者間で別途合意した場合を除き、乙のみが利用することができ、甲は何の権利を有しないものとする。
2．対象データ及び派生データの乙の利用に基づき生じた発明、考案、創作及び営業秘密等に関する知的財産権は、乙に帰属する。［甲及び乙は、相手方当事者による対象データの利用について著作者人格権を行使しないものとする。］

【③対象データに準じる場合】
　派生データに対する利用条件は、加工の対象となった対象データに対する利用条件に準じるものとする。

第6条（第三者への提供等）
1．甲及び乙は、第4条又は第5条による利用条件に基づき、対象データ及び派生データの全部又は一部を第三者に提供し又は当該第三者に利用をさせる場合（以下「第三者提供等」という。）には、あらかじめ相手方当事者に対して、第三者提供等の対象となるデータ及びその条件を書面により通知するものとする。なお、甲及び乙は、相手方当事者の事前の書面による承諾なく、第三者提供等

を受けた第三者に対して、更に第三者提供等をする権限を与えることはできないものとする。
2. 甲及び乙は、第三者提供等をする場合には、提供先となる第三者との間で、本契約において自らが負う秘密保持義務、データの管理・保管義務その他のデータの取扱いに関する義務と同等の義務を負わせる契約を締結しなければならないものとする。

第7条（対価・支払条件）
【①無対価の場合】
　甲及び乙は、対象データ及び派生データの利用条件を定めた対価として、相手方当事者に対して、譲渡費用、利用許諾に対する対価その他の対価を請求する権利を有しないものとする。

【②従量課金の場合】（乙が甲に支払う場合）
1. 乙は、対象データ及び派生データを利用する対価として、甲に対し、別紙に定める1単位あたり月額○円を支払うものとする。
2. 甲は、毎月月末に乙が利用している単位数を集計し、その単位数に応じた利用許諾の対価を翌月○日までに乙に書面（電磁的方法を含む。以下同じ。）で通知する。
3. 乙は、本契約期間中、第1項に定める金額に消費税額を加算した金額を、前項の通知を受領した日が属する月の末日までに甲が指定する銀行口座に振込送金の方法によって支払うものとする。なお、振込手数料は乙の負担とする。

【③固定料金の場合】（乙が甲に支払う場合）
1. 乙は、対象データ及び派生データを利用する対価として、毎月月末までに月額○円（消費税別）を甲が指定する銀行口座に振込送金の方法によって支払うものとする。なお、振込手数料は乙の負担とする。
2. 前項の対象データ及び派生データの利用の対価の計算は、月の初日から末日までを1月分として計算し、乙による対象データの利用可能な期間が月の一部であった場合、対価は利用した期間の日割り計算によるものとする。

【④売上配分の場合】（乙が甲に支払う場合）
1. 乙は、本契約の有効期間中、各計算期間（［4月1日～翌年3月31日］とする。）における○によって生じた売上金額その他甲の指定する事項に関する報告書を作成し、当該計算期間終了後［15］日以内に甲に対して提出しなければならない。
2. 乙は、○によって生じた売上金額の○％（消費税別）を、対象データ及び派生データを利用する対価として、第1項に定めた報告書を提出した日の翌月末日までに、甲が指定する銀行口座に振込送金の方法によって支払うものとす

る。なお、振込手数料は乙の負担とする。
3．乙は、第1項にいう報告書に記載する事項に関しては適正な帳簿を作成し、これを本契約の有効期間中、保存・保管しなければならない。甲は、自ら又は代理人をして、本契約の有効期間中、合理的な事前の通知を行うことにより、相手方当事者の営業時間内において、乙が保管する当該帳簿の閲覧・謄写を行うことができる。
4．甲は、前項における帳簿の閲覧及び検査により知り得た乙の機密事項を第三者に開示・漏えいしてはならない。また、甲は、帳簿の閲覧及び検査により知り得た乙の機密事項を前項以外のいかなる目的・用途にも利用してはならない。

【⑤実用化した段階で対価を決定する場合】
　甲及び乙は、相手方当事者に対象データを提供するにあたり、相手方当事者が対象データ及び派生データを［本目的／○目的］で利用する限り、相手方当事者に対して対象データの利用に対する対価その他の対価を請求する権利を有しない。但し、相手方当事者が対象データを利用して［開発した製品の販売］を行う場合には、対象データの利用に対する対価について甲乙間で別途協議するものとする。

第8条（対象データ等に係る保証）
1．甲及び乙は、相手方当事者に対して、本契約に基づき相手方当事者が利用する対象データ（以下「相手方利用データ」という。）の正確性、完全性（対象データに瑕疵又はバグが含まれていないことを含む。）、安全性（相手方利用データがウィルスに感染していないことを含む。）及び有効性（相手方利用データの本目的への適合性を含む。）を［保証する／知る限り保証する／知りうる限り保証する／確保するように努める／保証しない］。
［2．甲及び乙は、相手方当事者に対して、対象データについて［瑕疵担保責任／契約不適合責任］を負わない。］
［3．甲及び乙は、対象データが、適法な方法によって取得され、相手方当事者に対し提供することが法令及び契約に反しないことを［保証する／知る限り保証する／知りうる限り保証する／保証しない］。］
［4．甲及び乙は、相手方当事者に対して、対象データが必ず創出させることを保証するものではない。］
5．甲及び乙は、相手方当事者に対して、第三者の知的財産権を侵害しないことを［保証する／知る限り保証する／知りうる限り保証する／保証しない］。
6．甲及び乙は、相手方利用データに第三者の知的財産権の対象となるデータが含まれる場合その他の相手方当事者の利用について制限があり得ることが判明した場合には、速やかに相手方当事者と協議の上、協力して当該第三者からの利用許諾の取得又は当該データを除去する措置その他の相手方当事者が利用することができるために必要な措置を講じるよう努力するものとする。
7．本契約の他の規定にかかわらず、甲及び乙は、以下のいずれかの事由を原因

として、相手方当事者に損害を被らせた場合には、当該損害を賠償する責任を負うものとする。
⑴　対象データの全部又は一部を改ざんして、相手方当事者に利用させた場合
⑵　自らが取得し相手方当事者に提供した相手方利用データの正確性、完全性、安全性、有効性のいずれかに問題があること、又は、当該相手方利用データが第三者の知的財産権その他の権利を侵害していることを、故意若しくは重大な過失により告げずに相手方当事者に利用させた場合

第9条（対象データ等の管理）
1．甲及び乙は、自らが保有する対象データ及び派生データを自らが保有する他のデータと明確に区別し、善良な管理者の注意をもって、適切な管理手段（セキュリティ及びバックアップを含む。）を用いて［秘密として／営業秘密として／限定提供データとして］管理・保管しなければならないものとする。
2．甲及び乙は、対象データ［及び派生データ］を利用条件の範囲内で、知る必要のある自己の役員・従業員に対してのみ開示するものとする。
3．甲及び乙が自ら保有する対象データ及び派生データの管理・保管費用については、各自の負担とする。
4．甲及び乙は、相手方当事者が保有する対象データ及び派生データの管理状況について、相手方当事者に対して、書面（メールその他の電磁的方法を含む。以下同じ。）による報告を［いつでも／合理的に必要な範囲で］求めることができる。当該報告に関して、甲［又は乙］は、相手方当事者において対象データ及び派生データの漏えい又は喪失のおそれがあると判断した場合には、相手方当事者に対して対象データ及び派生データの管理方法・保管方法の是正を求めることができる。
5．前項の報告又は是正の要求がなされた場合、相手方当事者は速やかにこれに応じなければならない。

第10条（個人情報の取扱い）
1．甲及び乙は、相手方当事者に提供する対象データ及び派生データに個人情報の保護に関する法律（以下「個人情報保護法」という。）に定める個人情報又は匿名加工情報（以下「個人情報等」という。）が含まれる場合には、相手方当事者に対して、あらかじめその旨を明示しなければならない。
2．甲及び乙は、対象データ及び派生データの生成、取得及び提供等に際して、個人情報保護法に定められている手続を履践していることを保証する。
3．甲及び乙は、自らが取得する対象データ及び派生データに個人情報等が含まれる場合には、個人情報保護法を遵守し、個人情報等の管理に必要な措置を講じるものとする。
［4．甲及び乙は、個人情報等によって識別される特定の個人から個人情報等を含んだ提供データ及び派生データの相手方当事者への提供に関して同意の撤回

や異議の申し出があった場合には、相手方当事者に通知するものとし、甲乙間で速やかに対応を協議、実施するものとする。]
[5．甲及び乙は、自らの役員又は従業員の中から個人情報の機密保護を確保するのにふさわしい管理者を定め、相手方当事者に通知しなければならない。なお、管理者に追加又は変更があった場合には、速やかに相手方当事者に通知しなければならない。]

第11条（対象データ等の漏えい時の対応及び責任）
1．甲及び乙は、自らに対象データ及び派生データの漏えい、喪失、利用条件に反した利用等その他の本契約に違反する対象データ及び派生データの取扱い（以下「本漏えい」という。）を発見した場合、又は、本漏えいが合理的に疑われる場合には、直ちに相手方当事者に対してその旨を通知しなければならない。
2．前項の場合には、当該通知をした甲又は乙は、自らの費用と責任において、直ちに本漏えいの事実の有無を確認するための調査をしなければならない。当該調査によって本漏えいが確認された場合には、速やかにその原因を究明した上で合理的に必要となる再発防止策を策定し、相手方当事者に対して報告しなければならない。
3．前項に基づき再発防止策を報告した甲又は乙は、当該再発防止策を適切に実施するものとする。
4．甲及び乙は、本漏えいにより相手方当事者に回復不能な重大な損害が生じ、又はそのおそれがある場合に、相手方当事者が本漏えいに係る行為を差し止める又はその差止めに係る仮の地位を定める仮処分を申し立てる権利を有することを承諾する。
[5．甲及び乙は、自らの本漏えいにより、相手方当事者に損害が生じた場合、違約金として〇円を支払う義務を負う。但し、相手方当事者が実際に被った損害が当該違約金の額を上回る場合には、当該相手方当事者が実際の損害額を立証することにより、当該損害額の賠償を請求することができるものとする。]

第12条（秘密保持義務）
1．甲及び乙は、本契約に関して相手方当事者から開示を受けた情報（但し、対象データ及び派生データを除く。以下「秘密情報」という。）を厳に秘密として保持し、これを本目的のためのみに利用するものとし、本目的の達成に必要な範囲内で、知る必要のある自己の役員・従業員又は弁護士、税理士、公認会計士その他の専門家に対して開示する場合を除き（但し、甲及び乙は、これらの者に対して秘密情報を開示する場合に、当該秘密情報の開示を受ける第三者が法律上守秘義務を負う者でないときは、当該秘密情報の取扱いについて本契約に定める秘密保持義務と同一の義務をこれらの者に負わせるものとする。）、相手方当事者の書面による承諾なく、第三者に開示、提供、漏えいしてはならない。

2．前項の規定にかかわらず、次の各号のいずれかに該当する情報は、秘密情報にはあたらないものとする。[但し、開示を受けた当事者が書面によってその根拠を立証できる場合に限り、以下の情報は秘密情報にあたらないものとする。]
　(1) 相手方当事者から開示された時点で、既に公知となっているもの
　(2) 相手方当事者から開示された後で、自らの責に帰すべき事由によらず公知になったもの
　(3) 相手方当事者から開示された時点で、既に自ら保有していたもの
　(4) 相手方当事者から開示された後に、正当な権限を有する第三者から開示に関する制限なく開示されたもの
　(5) 相手方当事者から開示された秘密情報を使用することなく自らが独自に開発・認知した情報
3．第1項の規定にかかわらず、甲及び乙は、法令、規則又は司法・行政機関等による規則若しくは規制又は司法・行政機関等により秘密情報の開示が要請される場合には、当該要請に応じるために必要な範囲で、秘密情報を開示することができる。但し、かかる場合には、秘密情報を開示しようとする当事者は、相手方当事者に対して、事前に（但し、緊急を要する場合には、開示後速やかに）、開示する秘密情報の内容を書面により通知するものとする。
4．本条に基づく義務は、本契約が終了した後も〇年間存続するものとする。

第13条（損害賠償）
【①損害賠償責任を制限する場合】
1．甲及び乙は、自らの責めに帰するべき事由による本契約の違反に起因して相手方当事者が被った損害（但し直接かつ現実に生じた通常の損害に限る。以下「損害等」という。）を、相手方当事者に対して賠償する責任を負うものとする。
[2．前項に基づき損害賠償義務を負う者が相手方当事者に対して負担する損害賠償額は、債務不履行、[瑕疵担保責任、]知的財産権の侵害、不当利得、不法行為その他請求原因の如何にかかわらず、第7条に定める対価の金額［として相手方当事者が支払った全額／〇ヶ月分］を限度とする。
3．前項は、損害等が損害賠償義務者の故意又は重大な過失に基づくものである場合［、第8条（対象データにかかる保証）、第9条（対象データ等の管理体制）、第11条（対象データ等の漏えい時の対応及び責任）及び第15条3項（個人情報の取扱い）に定める義務の違反に基づくものである場合］には適用しないものとする。]

【②損害賠償責任を制限しない場合】
　甲及び乙は、自らの本契約の違反に起因して相手方当事者が被った一切の損害、損失、費用及び支出（合理的な弁護士費用を含む。以下「損害等」という。）を、相手方当事者に対して賠償する責任を負うものとする。

【③損害賠償責任を負わない場合】(一方当事者（乙）のみが責任を負う場合)
1．甲は、相手方当事者による対象データの利用に関連する、又は対象データの相手方当事者の利用に基づき生じた発明、考案、創作及び営業秘密等に関する知的財産権の相手方当事者による利用に関連する一切の請求、損失、損害又は費用に関し一切責任を負わない。
［2．乙は、対象データの利用に起因又は関連して第三者との間で紛争、クレーム又は請求（以下「紛争等」という）が生じた場合には、直ちに甲に対して書面により通知するものとし、かつ、自己の責任及び費用負担において、当該紛争等を解決する。甲は、当該紛争等に合理的な範囲で協力するものとする。
3．乙は、前項に定める紛争等に起因又は関連して甲が損害、損失又は費用（合理的な弁護士費用を含み、以下「損害等」という）を被った場合（但し、当該紛争等が甲の帰責事由に基づく場合を除く）、甲に対して、当該損害等を補償する。］

第14条（免責）
1．前条の規定にかかわらず、本契約の有効期間中において、天変地変、戦争、暴動、内乱、自然災害、停電、通信設備の事故・クラウドサービス等の外部サービスの提供の停止又は緊急メンテナンス、法令の制定改廃その他甲及び乙の責めに帰すことができない事由による本契約の全部又は一部の履行遅滞若しくは履行不能については、甲及び乙は責任を負わないものとする。

【①知的財産権の非侵害を保証しない場合】
2．甲及び乙は、相手方当事者による対象データ及び派生データの利用に関連する、又は対象データ及び派生データの利用に基づき生じた発明、考案及び営業秘密等に関する知的財産権の利用に関連する一切の損害等に関して責任を負わないものとする。

【②知的財産権の非侵害を保証する場合】
2．甲及び乙は、相手方当事者に対して、対象データ及び派生データ並びにそれらの利用が第三者の知的財産権を侵害しないことを保証する。当該保証に反して、相手方当事者による対象データ及び派生データ並びにそれらの利用が第三者の知的財産権を侵害したときは、甲は乙に対し、［第7条の対価の金額を限度として、］かかる侵害により相手方当事者に生じた損害を賠償する。但し、かかる知的財産権の侵害が相手方当事者の責に帰する場合はこの限りではなく、責任を負わないものとする。

第15条（有効期間）
本契約の有効期間は、本契約の締結日から〇年間とする。但し、当該有効期間の満了日から〇か月前までに当事者のいずれかから書面による契約終了の申し出

がないときは、本契約と同一の条件で、さらに○年間継続するものとし、以後も同様とする。

第16条（解除）
1．甲及び乙は、相手方当事者に以下のいずれかに該当する事由が発生した場合には、何ら催告なくして、本契約を解除することができる。
  (1) 本契約の一に違反し、相当の期間を定めて催告したにもかかわらず、その違反が是正されなかった場合
  (2) 対象データ及び派生データの漏えい等をした場合
  (3) 支払停止又は支払不能となった場合
  (4) 差押え、仮差押え若しくは競売の申立があった場合、又は公租公課の滞納処分を受けた場合
  (5) 解散、事業の全部又は重要な一部の譲渡等の決議をした場合
  (6) 破産、民事再生、特別清算、会社更生手続の開始が申立てられ、又はこれに類する法的倒産手続が申立てられた場合。但し、これらの申立が債権者によりなされた場合には、裁判所がその手続開始決定をした場合（特別清算の場合には手続開始命令をした場合）とする。
2．甲及び乙は、自らが、反社会的勢力（暴力団、暴力団員、暴力団員でなくなった時から5年を経過しない者、暴力団準構成員、暴力団関係企業、総会屋等、社会運動等標ぼうゴロ又は特殊知能暴力集団、その他これらに準ずる者をいう。以下同じ。）に該当しないこと、及び反社会的勢力と以下の各号の一にでも該当する関係を有しないことを、相手方当事者に対して表明し、保証する。甲及び乙は、相手方当事者が反社会的勢力に該当し又は以下の各号の一に該当することが判明した場合には、何らの催告を要せず、本契約を解除することができる。
  (1) 反社会的勢力が経営を支配していると認められるとき
  (2) 反社会的勢力が経営に実質的に関与していると認められるとき
  (3) 自己、自社若しくは第三者の不正の利益を図る目的又は第三者に損害を加える目的をもってするなど、不当に反社会的勢力を利用したと認められるとき
  (4) 反社会的勢力に対して資金等を提供し又は便宜を供与するなどの関与をしていると認められるとき
  (5) その他役員等又は経営に実質的に関与している者が、反社会的勢力と社会的に非難されるべき関係を有しているとき
3．甲及び乙は、相手方当事者が自ら又は第三者を利用して以下の各号の一に該当する行為をした場合には、何らの催告を要せず、本契約を解除することができる。
  (1) 暴力的な要求行為
  (2) 法的な責任を超えた不当な要求行為

(3)　取引に関して、脅迫的な言動をし、又は暴力を用いる行為
　(4)　風説を流布し、偽計若しくは威力を用いて本件当事者の信用を棄損し、又は当本件事者の業務を妨害する行為
　(5)　その他前各号に準ずる行為
4．前三項に基づき相手方当事者により解除権を行使された当事者は、相手方当事者の書面による同意がある場合を除き、解除後は、対象データ及び派生データを一切利用してはならないものとする。
5．甲及び乙は、本契約に別途定める場合のほか、書面で合意することにより、本契約を解約することができる。

第17条（本契約終了後の効力）
1．本契約が終了した場合であっても、第12条乃至第14条、本条及び第18条乃至第22条の規定は有効に存続するものとする。
2．甲及び乙は、本契約が終了したときは、対象データ及び派生データのうち別紙3において契約終了時における廃棄又は消去が明記されたものについて、別途甲及び乙が協議の上で定める手続に従い、速やかに廃棄又は消去するものとする。
3．甲及び乙は、前項により廃棄又は消去する義務を負うデータ以外の対象データ及び派生データについて、本契約に定める利用条件で引き続き利用できるものとし、第4条乃至第7条、第9条乃至第11条に従って利用しなければならないものとする。
4．甲及び乙は、本契約の終了により、終了時において既に本契約に基づき発生した義務・責任又は終了前の作為・不作為に基づき終了後に発生した本契約に基づく義務・責任を免除されるものではなく、また、本契約の終了は、本契約終了後も継続することが本契約において意図されている甲及び乙の権利、義務、責任には一切影響を及ぼさないものとする。

第18条（費用）
　本契約に別段の定めがある場合並びに甲及び乙が別途合意した場合を除いて、本契約の締結及び履行にかかる費用については、各自の負担とする。

第19条（譲渡禁止）
　甲及び乙は、相手方当事者の事前の書面による同意なしに、本契約、本契約上の地位又はこれらに基づく権利・義務を譲渡、移転その他処分してはならない。

第20条（準拠法）
　本契約は、日本法に準拠し、日本法に従って解釈される。

第21条（紛争解決）
　本契約に起因又は関連して生じた紛争（本契約の各条項の解釈に疑義が生じた場合を含む。）については、まずは甲及び乙が誠実に協議することによりその解決に当たるものとするが、かかる協議が調わない場合には、○地方裁判所を第一審の専属的合意管轄裁判所として裁判により解決するものとする。

第22条（誠実協議）
　本契約に定めのない事項については、甲及び乙は、誠実に協議し、その解決に努めるものとする。

本契約締結の証として、本書を2通作成し、各当事者が署名又は記名捺印の上、各自1通を保有する。

20　　年　　月　　日

　　　　　　　　　　　　　　　　甲

　　　　　　　　　　　　　　　　乙

別紙1　対象データ
1．対象データおよびその利用条件

	データ名	データ項目等	対象期間	甲の利用条件	乙の利用条件
1	○○○	【データを特定するに足りる情報（取得機器名、量、粒度、形式等）】	【○年○月○日～○年○月○日】の期間に取得されたもの	【利用目的】【第三者提供（譲渡又は利用許諾）の可否】【加工の可否】[【知的財産権／著作権】]	【利用目的】【第三者提供（譲渡又は利用許諾）の可否】【加工の可否】[【知的財産権／著作権】]
2	○○○				

巻末資料

２．対象データの仕様、［創出・取得・収集方法及び］提供方法
○○○○
【どのようなファイル形式で提供するか】
【どのような手段・方法で提供・共有するか】
【提供頻度】
【誰が、どのような方法で、どの情報を創出・取得・収集するか】

別紙２　派生データの利用条件

	データ名	対象データ	対象期間	甲の利用条件	乙の利用条件
1	○○○	○○及び○○【別紙１を引用する等して特定する】	【○年○月○日～○年○月○日】の期間に取得されたもの	【利用目的】【第三者提供（譲渡又は利用許諾）の可否】【加工の可否】［【知的財産権／著作権】］	【利用目的】【第三者提供（譲渡又は利用許諾）の可否】【加工の可否】［【知的財産権／著作権】］
2	○○○				

別紙３　契約終了時に廃棄または消去されるデータ

	データ名	対象データ／派生データ	対象期間
1	○○○	○○【別紙１または２を引用する等して特定する】	【○年○月○日～○年○月○日】の期間に取得されたもの
2	○○○		

データ共有プラットフォーム利用規約

第1条（利用規約の適用）
1．この［プラットフォームの名称］利用規約（以下「本規約」といいます。）は、○○○○（以下「運営者」といいます。）が運営する［プラットフォームの名称］（以下「本プラットフォーム」といいます。）を通じて提供するサービス（以下「本サービス」といいます。）の権利義務を定めるものであり、本サービスの利用に関わる一切の関係に適用されます。
2．本規約と個別の利用契約の規定が異なるときは、個別の利用契約の規定が本規約に優先して適用されるものとします。

第2条（定義）
本規約において使用される用語は、以下の意味を有するものとします。
⑴　「本目的」とは、○○○○をいいます。
⑵　「会員」とは、本プラットフォームを利用するために運営者との間で本利用契約を締結し、会員登録を行った者をいいます。
⑶　「データ提供会員」とは、本利用契約及び本規約に基づき、本プラットフォームを通じて、対象データを提供する会員をいいます。
⑷　「データ利用会員」とは、本利用契約及び本規約に基づき、本プラットフォームを通じて、対象データを利用する会員をいいます。
⑸　「対象データ」とは、本プラットフォームにおいて提供又は利用されるデータをいいます。
⑹　「派生データ」とは、対象データを加工して得られたデータをいいます。
［⑺　「対象データ等」とは、対象データ及び派生データをいいます。］
⑻　「利用」とは、利用、使用［、加工、開示、利用許諾、移転、譲渡、処分］［等］することをいいます。
⑼　「加工」とは、対象データを加工、編集、統合［、分析］［等］することをいいます。
⑽　「知的財産権」とは、著作権、特許権、商標権、実用新案権、意匠権、半導体集積回路の回路配置に関する法律にいう回路配置利用権をいいます。
⑾　「個人情報等」とは、個人情報の保護に関する法律に定める個人情報及び匿名加工情報を総称したものをいいます。
⑿　「統計データ」とは、個々の対象データを加工して作成される派生データのうち、対象データの集合体であって、そのデータの集合体のもつ集団的現象を数値で表し、かつ当該数値から特定の個人、法人又は団体を識別することができないものをいいます。
⒀　「改ざん」とは、事実と異なる改変を加えることをいいます。
⒁　「損害等」とは、損害、損失、費用又は支出（合理的な弁護士費用を含み

巻末資料

ます。）をいいます。
(15) 「紛争等」とは、紛争、クレーム又は請求をいいます。
(16) 「ID」とは、会員とその他の者を識別するために用いられる符号をいいます。
(17) 「パスワード」とは、IDと組み合わせて、本プラットフォームに対するアクセスを認証するために用いられる符号をいいます。
(18) 「会員設備」とは、本プラットフォームを利用するために、会員が設置するコンピュータ、電気通信設備その他の機器及びソフトウェアをいいます。
(19) 「運営者設備」とは、本プラットフォームを提供するにあたり、運営者が設置するコンピュータ、電気通信設備その他の機器及びソフトウェアをいいます。

第3条（本利用契約の成立及び会員登録）
1．本プラットフォームの利用を希望する申込者は、本規約に同意した上で、運営者所定の方法により本プラットフォーム上で本サービスの利用契約（以下「本利用契約」といいます。）及び会員登録の申込を行うものとします。
2．運営者は、前項の申込を受けた場合、運営者所定の審査によって、申込者が会員となることを承諾したときは、申込者に対して、申込を承諾する旨の通知を発信するものとします。
3．前項の承諾の通知を発信した時点で、運営者と申込者との間で本利用契約が成立し、会員登録が完了します。

第4条（会員資格）
　本プラットフォームの会員資格は以下の各号のとおりとし、前条の申込者がいずれかを満たさないときは、運営者は会員登録の申込を承諾しない場合があります。
(1) 過去に運営者から本利用契約若しくは本規約を解約され又は会員登録の申込を拒絶されたことがないこと
(2) 会員登録の申込みにおいて、申告事項に事実に反する記載又は重要な事実に関する記入漏れがないこと
(3) 本利用契約及び本規約に基づく義務の履行を怠るおそれがないこと
(4) 反社会的勢力（第27条第1項に定義されます。）に属する者又は第27条2項各号に該当する者でないこと
(5) その他会員登録を承諾することが不適当であると運営者が認める事由がないこと

第5条（登録事項の変更）
1．会員は、会員としての登録事項に変更がある場合には、運営者所定の方法により、速やかに運営者に対して変更事項を通知するものとします。

2．会員が前項に従った通知を怠ったことによる運営者からの通知の不到達その他の事由により会員が損害等を被った場合であっても、運営者は一切責任を負わないものとします。

第6条（本プラットフォームの利用許諾）
1．運営者は、本利用契約が成立し、会員登録を完了した会員が、本利用契約及び本規約に定めるところに従い、本プラットフォームを利用することを許諾します。
2．会員は、本プラットフォームを利用する際には、運営者が別途設定するID及びパスワードを用いるものとします。
3．運営者が本プラットフォーム及び本サービスの提供にあたり使用する知的財産権は、全て運営者に帰属します。
4．運営者は、本利用契約又は本規約に定めるものを除き、会員に対して本プラットフォーム及び本サービスに係る権利に関して譲渡、許諾するものではありません。

第7条（委託）
　運営者は、会員に対する本プラットフォーム及び本サービスの提供に関して必要となる業務の全部又は一部を、本目的の範囲内で運営者の判断にて第三者に委託することができます。この場合、運営者は、委託先に関する情報を本プラットフォーム上で公表するとともに、委託先に当該委託業務の遂行について本利用契約及び本規約所定の運営者の義務と同等の義務を負わせるものとします。

第8条（対象データの提供）
1．データ提供会員は、運営者が別途定める提供方法に従って、本プラットフォームに対象データをアップロードすることにより提供できるものとします。なお、データ提供会員は、対象データの全部又は一部を改ざんして、本プラットフォームに提供してはならないものとします。
2．データ提供会員は、自らが提供した対象データに関して著作権その他の知的財産権を有する場合には、当該会員と運営者との間で特段の合意がない限り、当該知的財産権について、当該会員から運営者及び他の会員に対して、本目的の範囲内において非独占的に利用することについて、本規約に基づいて許諾がなされているものとみなされることに同意します。
3．データ提供会員は、運営者及び他の会員による前項に定める対象データの利用について、人格権を含む知的財産権を行使しないものとします。
［4．データ提供会員は、自らが提供する対象データの中に第三者が有していたデータ（以下「第三者データ」といいます。）が含まれる場合には、あらかじめ当該第三者に対して本規約の内容を提供し、別紙○の書式により、第三者データを本規約に基づき利用し、かつ利用許諾をする権限を当該第三者から取

巻末資料

得しなければならないものとします。]

第9条（対象データに関する保証）
1．データ提供会員は、対象データの提供にあたって、運営者及びデータ利用会員に対して、以下に掲げる事項を表明し、保証します。
　(1)　対象データが適法に取得されたものであること
　(2)　対象データに個人情報等が含まれていないこと
2．データ提供会員は、前項に定める事項を除き、対象データの提供にあたって、明示又は黙示の別を問わず、いかなる事項（以下に掲げる事項を含みますが、これらに限られません。）についても保証しないものとします。
　(1)　対象データの正確性
　(2)　対象データの完全性（対象データに瑕疵又はバグがないことを含みます。以下同じです。）
　(3)　対象データの安全性（対象データがウィルスに感染していないことを含みます。以下同じです。）
　(4)　対象データの有効性（対象データの本目的への適合性を含みます。以下同じです。）
　(5)　対象データが第三者の知的財産権その他の権利を侵害しないこと
　[(6)　対象データが継続して提供されること]
3．データ提供会員が第1項の表明保証に違反した場合、又は、以下のいずれかの事由に該当する場合には、データ提供会員は、運営者、データ利用会員若しくは第三者がこれにより被った損害等を補償する責任を負うものとします。
　(1)　データ提供会員が対象データの全部又は一部を改ざんして、本プラットフォームに提供した場合
　(2)　対象データの正確性、完全性、安全性、有効性のいずれかに問題があること、又は、対象データが第三者の知的財産権その他の権利を侵害していることを、故意若しくは重大な過失により告げずに対象データを本プラットフォームに提供した場合
　(3)　対象データの正確性、完全性、安全性、有効性のいずれかに問題があること、又は、対象データが第三者の知的財産権その他の権利を侵害していることを知ったにもかかわらず、運営者に対して第12条第2項に定める通知を行わなかった場合

第10条（利用料金）
　会員は、運営者が別途定めるところに従い、本プラットフォームの利用料金を支払うものとします。

【固定料金の場合】
1．会員は、対象データ及び派生データの利用料金として、毎月月末までに月額

○円（消費税別）を運営者が指定する銀行口座に振込送金の方法によって支払うものとします。なお、振込手数料は乙の負担とします。
2．前項の対象データ及び派生データの利用の対価の計算は、月の初日から末日までを1月分として計算し、会員による対象データの利用期間が月の一部であった場合、日割り計算によるものとします。

【従量課金の場合】
1．会員は、対象データ及び派生データの利用料金として、運営者に対して、別紙の1単位あたり月額○円を支払うものとします。
2．運営者は、毎月月末に会員が利用した単位数を集計し、その単位数に応じた利用料金を翌月○日までに乙に書面（電磁的方法を含む。以下同じ。）で通知するものとします。
3．会員は、前項により通知された利用料金の額に消費税額を加算した金額を、前項の通知を受領した日が属する月の末日までに甲が指定する銀行口座に振込送金の方法によって支払うものとします。なお、振込手数料は乙の負担とします。

第11条（対象データ・派生データの利用条件）
1．データ利用会員は、[本目的の範囲内及び]別紙○に定める利用条件により、対象データを利用することができるものとします。
[2．前項の利用条件に基づき対象データを加工を行った者（以下「データ加工者」といいます。）は、当該加工によって得られた派生データを前項の利用条件と同様の範囲で利用することができるものとし、派生データの作成に関して当該データ加工者が新たに創出した著作権その他の知的財産権を受ける権利は、当該データ加工者に帰属するものとします。]
3．データ利用会員は、前[二]項により認められた利用条件を超えて、対象データ[及び派生データ]を利用してはならないものとします。
[4．運営者は、対象データを加工することができるものとし、当該加工により生じた派生データを、本プラットフォーム上で対象データとして提供することができるものとします。この場合には、かかる派生データに係る著作権その他の知的財産権は、運営者に帰属するものとしますが、データの提供に係る第8条及び第9条の規定が準用されるものとします。]

第12条（対象データの削除）
1．データ提供会員は、対象データを本プラットフォームに提供した後は、当該対象データを本プラットフォーム上から削除することを要求する権利を有しないものとします。
2．データ提供会員が、自らが提供した対象データの正確性、完全性、安全性、有効性のいずれかに問題があること、又は、当該対象データが第三者の知的財

産権その他の権利を侵害していることを知ったときは、直ちにその具体的な内容を記載した書面で運営者に通知するものとします。
3．前項の通知を受領した場合には、運営者は速やかに当該対象データを削除するとともに、会員に対して周知するものとします。
4．前項に定める場合のほか、運営者は、本規約又は法令に反する対象データの提供を発見した場合その他運営者が当該対象データを本プラットフォーム上で提供することが適切でないと判断した場合には、当該対象データを本プラットフォーム上から削除することができるものとします。
5．本条に基づいて対象データが本プラットフォーム上から削除された場合であっても、削除前になされた対象データ及び派生データの利用については、何ら影響を及ぼさないものとします。

第13条（本プラットフォーム利用のための設備設定・維持）
1．会員は、自己の責任及び費用負担において、運営者が定める条件にて会員設備を設定し、会員設備及び本プラットフォームを利用するための環境を維持するものとします。
2．会員は、本プラットフォームを利用するにあたり、自己の責任及び費用負担において、電気通信事業者等の電気通信サービスを利用して会員設備を本プラットフォームに接続するものとします。
3．前二項に定める会員設備の設定・接続、会員設備及び本プラットフォーム利用のための環境に不具合がある場合、運営者は会員に対して本プラットフォームの提供の義務を負わないものとします。

第14条（ID・パスワード［及び対象データ］の管理）
1．会員は、ID及びパスワードを第三者に開示、貸与、共有してはならず、第三者に開示・漏えいすることのないよう厳重に管理（パスワードの定期的な変更を含みます。）するものとします。
2．ID及びパスワードの管理不備、使用上の過誤、第三者の使用等により会員自身又はその他の者が損害を被った場合、運営者は一切の責任を負わないものとします。
3．第三者が会員のID及びパスワードを用いて本プラットフォームを利用した場合、当該会員の行為とみなされるものとし、会員は、かかる利用についての対価の支払その他の債務一切を負担するものとします。また、当該行為により運営者が損害等を被った場合は、当該会員はかかる損害等を填補するものとします。但し、運営者の故意又は過失によりID及びパスワードが第三者に利用された場合は、この限りではありません。
［4．会員は、本プラットフォームを通じて取得した対象データ［及びその派生データ］をそれ以外のデータと明確に区別し、善良な管理者の注意義務をもって、［秘密として／営業秘密として／限定提供データとして］管理及び保管す

るものとします。]

第15条（禁止事項）
1．会員は、本プラットフォームの利用に関して、以下の行為を行ってはならないものとします。
　⑴　運営者、他の会員若しくは第三者の知的財産権その他の権利を侵害する行為、又は侵害するおそれのある行為
　⑵　本プラットフォームの内容や本サービスにより利用しうる情報を改ざんする行為
　⑶　本利用契約又は本規約に違反して、第三者に本プラットフォームを利用させる行為
　⑷　法令若しくは公序良俗に違反し、又は、運営者、他の会員若しくは第三者に不利益を与える行為
　⑸　ウィルス等の有害なコンピュータプログラム等を送信又は提供する行為
　⑹　第三者の設備等、他の会員の会員設備又は運営者設備の利用若しくは運営に支障を与える行為、又は与えるおそれのある行為
　⑺　その他、運営者が不適切と判断する行為
2．会員は、他の会員により前項各号のいずれかに該当する行為がなされたことを知った場合、又は該当する行為がなされるおそれがあることを知った場合には、速やかに運営者に通知するよう努めるものとします。

第16条（会員の責任等）
1．会員は、自らの本利用契約若しくは本規約の違反に起因又は関連して、他の会員又は運営者に損害等を与えた場合、当該損害等を補償するものとします。
2．会員は、対象データ又は派生データの利用に起因又は関連して、第三者との間で紛争等が生じた場合には、直ちに運営者に対して書面により通知するものとし、かつ、自己の責任及び費用負担において、当該紛争等を解決するものとします。この場合、当該対象データを提供した会員及び運営者は、当該紛争等に合理的な範囲で協力するものとします。
3．会員は、前項に定める紛争等に起因又は関連して、当該対象データを提供した会員又は運営者が損害等を被った場合（但し、当該紛争等が、当該対象データを提供した会員又は運営者の帰責事由に基づく場合を除きます。）には、当該対象データを提供した会員又は運営者に対して、当該損害等を補償するものとします。
4．会員及び運営者は、他の会員による対象データ及び派生データの利用に関連する、又は、対象データ及び派生データの利用に基づき生じた発明、考案、創作及び営業秘密等に関する知的財産権の利用に関連する一切の損害等又は紛争等に関して、責任を負わないものとします。
5．第2項から第4項までの規定は、当該データを提供した会員又は運営者が

第9条第3項又は第18条第3項に該当する場合には、適用されないものとします。
［6．本利用契約又は本規約に関して会員が運営者の損害等に対して負う責任の範囲は、債務不履行責任、不法行為責任、その他法律上の請求原因の如何を問わず、会員の責に帰すべき事由又は会員の本利用契約若しくは本規約の違反が直接の原因で運営者に現実に発生した通常の損害等に限定されるものとし、その損害等の賠償額は、当該会員が当該損害等の発生した日から遡って〇ヶ月間に運営者に対して支払った本サービスに係る利用料金の額を超えないものとします。但し、会員に故意又は重大な過失がある場合には、本項の規定は適用されないものとします。］

第17条（本プラットフォームの管理）
1．運営者は、本サービスの提供期間中、法令を遵守するとともに、善良なる管理者の注意をもって本サービスを提供するものとし、同種同等のプラットフォームで利用されるのと同種同等のセキュリティを備えることにより、本プラットフォームを適切に管理・運営するものとします。
2．運営者は、会員による対象データ及び派生データの管理状況その他の本利用契約及び本規約の遵守状況について、会員に対して、いつでも書面（メールその他の電磁的方法を含みます。）による報告を求めることができるものとします。
3．前項の報告、他の会員からの通報又は運営者自らの調査その他の事情に基づき、運営者が会員において本利用契約若しくは本規約の違反のおそれがあると判断した場合には、運営者は、当該会員に対して合理的な範囲で対象データ等の管理方法、保管方法、利用の方法その他の事項に関して是正を求めることができるものとします。
4．運営者が会員に対して第2項の報告又は前項の是正を求めた場合には、当該会員は、速やかにこれに応じるものとします。

第18条（本プラットフォームの運営）
1．運営者は、本プラットフォームの運営に関して、明示又は黙示の別を問わず、会員に対していかなる事項（以下に掲げる事項を含みますが、これらに限られません。）についても保証しないものとします。
　(1)　本プラットフォームのセキュリティが完全なものであること
　(2)　本プラットフォームにバグがないこと
　(3)　本プラットフォームの利用によりウィルスに感染しないこと
　(4)　本プラットフォームの運営が中断しないこと
　(5)　本プラットフォームが第三者の知的財産権を侵害しないこと
2．運営者は、本プラットフォーム上の対象データに関して、明示又は黙示の別を問わず、会員に対していかなる事項（以下に掲げる事項を含みますが、これ

らに限られません。）についても保証しないものとします。
   (1) 対象データの正確性、完全性、安全性及び有効性
   (2) 対象データが第三者の知的財産権その他の権利を侵害しないこと
   (3) 対象データが継続して会員に提供されること
3. 運営者は、以下のいずれかに該当する場合を除き、前項各号に掲げる事項に起因する会員の損害等について、いかなる責任も負わないものとします。
   (1) 運営者が、対象データの全部又は一部を改ざんして、本プラットフォームに提供した場合
   (2) 運営者が、対象データの正確性、完全性、安全性、有効性のいずれかに問題があること、又は、対象データが第三者の知的財産権その他の権利を侵害していることを、故意若しくは重大な過失により告げずに対象データを本プラットフォームに提供した場合
   (3) 運営者が、対象データの正確性、完全性、安全性、有効性のいずれかに問題があること、又は、対象データが第三者の知的財産権その他の権利を侵害していることを知ったにもかかわらず、第12条第4項に基づく削除を行わなかった場合

第19条（運営者設備の障害等）
1. 運営者は、運営者設備について障害があることを知ったときは、遅滞なく、会員にその旨を通知するとともに、運営者設備を修理又は復旧するよう努めるものとします。
2. 運営者は、運営者設備のうち、運営者設備に接続するために運営者が借り受けた電気通信回線に障害があることを知ったときは、当該電気通信回線を提供する電気通信事業者に修理又は復旧を指示するものとします。
3. 上記のほか、本プラットフォームに不具合が生じたときは、会員及び運営者はそれぞれ遅滞なく相手方に通知するよう努力するものとし、両者協議のうえ各自の行うべき対応措置を決定した上でそれを実施するものとします。

第20条（損害賠償の制限）
1. 運営者が本サービス又は本利用契約若しくは本規約に関して会員に対して負う責任の範囲は、債務不履行責任、不法行為責任、その他法律上の請求原因の如何を問わず、運営者の責に帰すべき事由又は運営者の本利用契約若しくは本規約の違反が直接の原因で会員に現実に発生した通常の損害等に限定されるものとし、運営者の責に帰すことができない事由から生じた損害、間接損害、逸失利益、運営者の予見の有無を問わず特別の事情から生じた損害等について、運営者は責任を負わないものとします。
2. 前項における「運営者の責に帰すことができない事由」は、以下の事由を含みますが、これらに限られません。
   (1) 天災地変、戦争、暴動、内乱、自然災害等の不可抗力

(2) 停電、会員設備の障害又は運営者設備までの通信設備の事故・クラウドサービス等の外部サービスの提供の停止又は緊急メンテナンス
(3) 運営者設備からの応答時間等インターネット接続サービスに起因する損害
(4) 善良なる管理者の注意をもってしても防御し得ない運営者設備への第三者による不正アクセス又はアタック、通信経路上での傍受
(5) 運営者が定める手順・セキュリティ手段等を会員が遵守しないことに起因して発生した損害等
(6) 運営者設備のうち運営者の製造に係らないソフトウェア又はハードウェアに起因して発生した損害等
(7) 法令の制定改廃
3．第1項に基づき運営者が責任を負う場合であっても、その損害等の賠償額は、当該会員が当該損害等の発生した日から遡って〇ヶ月間に運営者に対して支払った本サービスに係る利用料金の額を超えないものとします。
4．運営者に故意又は重大な過失がある場合には、本条の規定は適用されないものとします。

第21条（対象データ等の漏えい等の場合の対応）
1．会員は、自らによる対象データ等の漏えい、喪失、本規約に違反する対象データ若しくは派生データの利用（これらを総称して、以下「本漏えい」といいます。）を発見した場合、又は本漏えいが合理的に疑われる場合には、直ちに運営者にその旨を通知するものとします。
2．運営者及び会員は、協力して本漏えいの事実の有無を確認し、本漏えいの事実が確認できた場合には、その原因を調査し、再発防止策について検討するとともに、運営者は、その概要を必要な範囲で、他の全ての会員に対して周知するものとします。
3．前項の調査に基づき、本漏えいの原因が当該会員にある場合には、当該調査費用及び再発防止策の費用は、当該会員の負担とします。

第22条（一時的な中断及び提供停止）
1．運営者は、次の各号のいずれかに該当する場合には、会員への事前の通知又は承諾を要することなく、本サービスの提供を中断することができるものとします。
 (1) 運営者設備の故障により保守を行う場合
 (2) 運用上又は技術上の理由でやむを得ない場合
 (3) その他天災地変、戦争、暴動、内乱、自然災害等の不可抗力により、一定期間、本サービスを提供できない場合
2．運営者は、運営者設備の定期点検を行うため、会員に事前に通知又は本プラットフォーム上で周知の上、本サービスの提供を一時的に中断することができるものとします。

3．運営者は、会員が第15条第1項各号のいずれかに該当する場合又は会員が本利用契約若しくは本規約に違反した場合には、当該会員への事前の通知若しくは催告を要することなく、当該会員に対する本サービスの全部又は一部の提供を停止することができるものとします。
4．運営者は、前各項に定める事由のいずれかにより本サービスを提供できなかったことに関して会員又は第三者が損害を被った場合であっても、一切責任を負わないものとします。但し、運営者に故意又は重大な過失がある場合には、この限りではないものとします。

第23条（本サービスの廃止）
　運営者は、次の各号のいずれかに該当する場合、本サービスの全部又は一部を廃止することができるものとします。
　⑴　天災地変、戦争、暴動、内乱、自然災害等の不可抗力により本サービスを提供することができなくなった場合
　［⑵　廃止日の○か月前までに会員に対して通知した場合又は本プラットフォーム上で周知した場合］

第24条（本規約の変更）
　運営者は、あらかじめ○日以上の予告期間を置いて、変更後の新利用規約の内容を会員に通知し又は本プラットフォーム上で周知することにより、会員の事前の承諾を得ることなく、本規約を随時変更することができるものとします。この場合、本規約が変更された後の本サービスの提供条件は、変更後の新利用規約を適用するものとします。

第25条（会員による解約）
　会員は、解約希望日の○日前までに運営者が定める方法により運営者に通知することにより、解約希望日をもって本利用契約を解約することができるものとします。

第26条（運営者による解約）
　運営者は、会員が次の各号のいずれかに該当すると判断した場合、当該会員への事前の通知又は催告を要することなく本利用契約を解約することができるものとします。
　⑴　会員が本利用契約又は本規約に違反し、運営者がかかる違反の是正を催告した後○日以内に是正されない場合
　⑵　第4条に定める会員資格を満たさないことが判明した場合
　⑶　利用申込書その他通知内容等に虚偽記入又は重大な記載漏れがあった場合
　⑷　支払停止又は支払不能となった場合
　⑸　差押え、仮差押え若しくは競売の申立があった場合、又は、公租公課の滞

納処分を受けた場合
(6) 破産手続開始、特別清算開始、会社更生手続開始、民事再生手続開始の申立があったとき、又は、信用状態に重大な不安が生じた場合
(7) 解散、事業の全部又は重要な一部の譲渡等の決議をした場合
(8) 第23条により本サービスの全部を廃止した場合その他本利用契約を継続することが困難となる事由が生じた場合

第27条（反社会的勢力の排除）
1．会員及び運営者は、自らが、反社会的勢力（暴力団、暴力団員、暴力団員でなくなった時から5年を経過しない者、暴力団準構成員、暴力団関係企業、総会屋等、社会運動等標ぼうゴロ又は特殊知能暴力集団、その他これらに準ずる者をいいます。以下同じ。）に該当しないこと、及び反社会的勢力と以下の各号の一にでも該当する関係を有しないことを相手方に表明保証する。会員及び運営者は、相手方が反社会的勢力に該当し、又は以下の各号の一に該当することが判明した場合には、何らの催告を要せず、本利用契約を解約することができるものとします。
(1) 反社会的勢力が経営を支配していると認められるとき
(2) 反社会的勢力が経営に実質的に関与していると認められるとき
(3) 自己、自社若しくは第三者の不正の利益を図る目的又は第三者に損害を加える目的をもってするなど、不当に反社会的勢力を利用したと認められるとき
(4) 反社会的勢力に対して資金等を提供し、又は便宜を供与するなどの関与をしていると認められるとき
(5) その他役員等又は経営に実質的に関与している者が、反社会的勢力と社会的に非難されるべき関係を有しているとき
2．会員及び運営者は、相手方が自ら又は第三者を利用して以下の各号の一に該当する行為をした場合には、何らの催告を要せず、本利用契約を解約することができるものとします。
(1) 暴力的な要求行為
(2) 法的な責任を超えた不当な要求行為
(3) 取引に関して、脅迫的な言動をし、又は暴力を用いる行為
(4) 風説を流布し、偽計若しくは威力を用いて相手方の信用を棄損し、又は相手方の業務を妨害する行為
(5) その他前各号に準ずる行為

第28条（解約の効果）
1．前三条に基づき運営者と一の会員との間の本利用契約が解約された場合であっても、当該解約は、当該会員と運営者との間でのみで効力を有し、当該解約の効力は他の会員には及ばないものとします。

2．前三条に基づく本利用契約の解約の効果は、将来に渡ってのみ生じるものとし、既に当該会員が本プラットフォームに提供した対象データ、当該会員が取得した対象データ及びその派生データ、並びに、運営者が加工して作成された統計データについては影響を及ぼさないものとします。
3．前項の規定にかかわらず、前二条に基づき本利用契約が解約された場合であって、その原因が会員にある場合には、当該会員は、本プラットフォームから取得した対象データ及びその派生データについて、直ちに削除するものとし、解約後は一切利用することができないものとします。
4．会員は、本利用契約が解約された時点において、未払いの利用料金その他の金銭債務がある場合には、当該債務の期限の利益を喪失し、直ちにこれを支払わなければならないものとします。
5．本利用契約が終了した場合であっても、第11条、第16条、第20条、第21条、本条及び第29条乃至第33条の規定は有効に存続するものとする。

第29条（秘密保持）
1．会員及び運営者（以下「情報受領者」といいます。）は、本プラットフォームの利用に関して開示を受けた情報（但し、対象データ及び派生データを除きます。）のうち、運営者又は他の会員（以下「情報開示者」といいます。）が特に秘密である旨をあらかじめ書面で指定した情報で、提供の際に秘密情報の範囲を特定し、秘密情報である旨の表示を明記した情報（以下「秘密情報」といいます。）を、情報開示者の書面による事前の承諾なく、第三者に開示又は遺漏しないものとします。但し、次の各号のいずれかに該当する情報については、この限りではありません。
 (1) 秘密保持義務を負うことなく既に保有している情報
 (2) 秘密保持義務を負うことなく第三者から正当に入手した情報
 (3) 本利用契約及び本規約に違反することなく、かつ、受領の前後を問わず公知となった情報
 (4) 情報開示者から開示を受けた情報によらず、独自に開発した情報
2．前項の規定にかかわらず、情報受領者は、本サービスの利用又は提供に必要な範囲で秘密情報を了知する必要のある自らの役員及び従業員に対して、秘密情報を開示することができるものとします。
3．本条に基づく義務は、本利用契約が終了した後も○年間存続するものとします。

第30条（権利義務の譲渡禁止）
　会員は、あらかじめ運営者の書面による承諾がない限り、本利用契約上の地位、本利用契約に基づく権利又は義務の全部又は一部を他に譲渡してはならないものとします。

第 31 条（合意管轄）
　会員と運営者の間の本利用契約及び本規約に起因又は関連する一切の紛争は、〇〇地方裁判所を第一審の専属的合意管轄裁判所とします。

第 32 条（準拠法）
　本利用契約及び本規約の解釈に関する準拠法は、日本法とします。

第 33 条（協議等）
　本利用契約及び本規約に規定のない事項及び規定された項目について会員と運営者との間で疑義が生じた場合は、両者誠意を持って協議の上解決することとします。

〇年〇月〇日制定

〈チェックリスト〉
データ利用に関する契約（提供型／創出型）

1. 目的
   - □契約の目的

2. 定義
   - □対象データの定義
   - □データ名
   - □データ項目（取得機器名、量、粒度、ファイル形式等）
   - □対象期間
   - □加工の定義
   - □派生データの定義

3. 対象データの提供方法
   - □ファイル形式
   - □提供手段・方法
   - □提供頻度
   - □創出・取得・収集方法
   - □仕様・提供方法の変更

4. 対象データの利用条件
   - □利用目的、加工の可否・条件
     （①データの性質、②データの創出への寄与度、③利用によるリスク、④対価の金額、⑤利用の必要性）
   - □第三者提供（譲渡又は利用許諾）の可否・条件
     （①データの性質、②営業秘密、ノウハウ流出等の防止の方法、③競業者か否か、④提供先第三者の利用の制限、⑤対価の額・分配方法）
   - □独占／非独占
   - □成果物・派生データのフィードバックの有無
   - □利用態様（アクセス方法等）・利用期間
   - □利用条件に反する利用の禁止
   - □利用条件に定めのないデータの利用条件の決定方法・決定権者
   - □知的財産権の帰属、人格権の不行使

5. 派生データの利用条件
   - □利用の可否、利用条件
     （①対象データの性質、②対象データを取得・収集する際の費用・労力、③営業秘密性、④加工の程度・費用・労力、⑤対象データの復元可能性）

□第三者提供（譲渡又は利用許諾）の可否・条件
　　　□加工の可否
　　　□知的財産権の帰属
　　　□利用条件に反する利用の禁止
　　　□利用条件に定めのないデータの利用条件の決定方法・決定権者

6．第三者への提供等
　　　□相手方への通知
　　　□再提供の可否
　　　□第三者に同等の義務を負わせる契約

7．対価・利益分配
　　　□対価の金額又はその算定方法
　　　　（無対価、従量課金、固定料金、売上分配、実用化段階での協議）
　　　□対価の支払い方法

8．データ等の保証
　　　□正確性、完全性、安全性、有効性
　　　　（保証／非保証、知る限り／知りうる限り、確保するように努める）
　　　□瑕疵担保責任／契約不適合責任
　　　□適法な方法による取得（保証／非保証、知る限り／知りうる限り）
　　　□第三者の権利の非侵害（保証／非保証、知る限り／知りうる限り）
　　　□第三者の知的財産権の対象となるデータ
　　　□改ざん、故意・重過失による不告知の場合の損害賠償
　　　□データのバックアップ

9．データ等の管理体制
　　　□他のデータとの区分管理
　　　□善管注意義務
　　　□管理・保管方法（秘密、営業秘密、限定提供データ）
　　　□役員・従業員への開示
　　　□管理・保管費用
　　　□管理状況の報告
　　　□管理・保管方法の是正
　　　□子会社への開示・利用許諾

10．個人情報の取扱い
　　　□個人情報等が含まれる場合の明示
　　　□データの生成、取得及び提供等に際しての個人情報保護法の手続の履践

□個人情報保護法の遵守、管理に必要な措置
　　　□同意の撤回・異議の申し出があった場合の対応
　　　□個人情報の機密保護に関する管理者

11. データ等の漏えい時の対応及び責任
　　　□漏えいの発見又は合理的な疑いの通知
　　　□事実確認の調査・再発防止策の策定・報告
　　　□再発防止策の実施
　　　□漏えいに係る行為の差止め
　　　□漏えいに係る損害賠償（違約金、実際の損害）

12. 秘密保持義務
　　　□秘密情報の定義
　　　□秘密情報の例外的な開示
　　　□契約終了後の存続、存続期間

13. 損害賠償
　　　□損害賠償責任の制限の有無
　　　□損害の範囲
　　　□損害賠償額の上限
　　　□故意・重過失がある場合の制限の不適用

14. 免責
　　　□責めに帰すことができない事由
　　　□知的財産権の利用に関連する損害

15. 有効期間
　　　□契約の有効期間
　　　□契約の自動更新

16. 解除
　　　□解除事由
　　　□反社会的勢力の排除
　　　□解除後のデータ利用の禁止

17. 契約終了後の効力
　　　□存続条項
　　　□契約終了時におけるデータの廃棄又は消去
　　　□廃棄義務を負わないデータの利用

□終了時に既に発生している権利・義務・責任

18. 費用
    □契約の締結・履行に係る費用

19. 譲渡禁止

20. 準拠法

21. 紛争解決
    □紛争解決方法（裁判／仲裁）
    □管轄裁判所（裁判の場合）
    □仲裁地、仲裁規則、仲裁人の人数、言語（仲裁の場合）

22. 誠実協議

〈チェックリスト〉
データ共有プラットフォーム利用規約

1. 利用規約の適用
   - □ 運営者のタイプ（データ取引の主体となるか否か）
   - □ 運営者の中立性・公平性・信頼性
   - □ 運営者の組織形態
   - □ 本サービスの定義
   - □ 利用規約と利用契約の優先関係

2. 定義
   - □ 本目的の定義
   - □ 対象データの定義
   - □ 加工／派生データの定義

3. 利用契約の成立及び会員登録
   - □ 利用規約の同意、利用契約・会員登録の申込
   - □ 申込の承諾
   - □ 利用契約の成立、会員登録の完了

4. 会員資格
   - □ 登録拒否事由

5. 登録事項の変更
   - □ 変更事項の通知
   - □ 通知の懈怠による損害

6. プラットフォームの利用許諾
   - □ 利用許諾
   - □ ID・パスワードの使用
   - □ 本プラットフォーム・本サービスの提供に係る知的財産権の帰属
   - □ 本プラットフォーム・本サービスに係る権利の不譲渡

7. 委託
   - □ 第三者への業務委託の可否
   - □ 運営者の義務と同等の義務

8. 対象データの提供
   - □ 提供方法

□改ざんの禁止
　　　□提供した対象データのみなし許諾
　　　□人格権を含む知的財産権の不行使
　　　□第三者が有していたデータの利用・利用許諾権限の取得

9．対象データに関する保証
　　　□適法な取得
　　　□個人情報等が含まれていないこと
　　　□正確性、完全性、安全性、有効性
　　　　（保証／非保証、知る限り／知りうる限り、確保するように努める）
　　　□第三者の権利の非侵害（保証／非保証、知る限り／知りうる限り）
　　　□継続的なデータの提供
　　　□改ざん、故意・重過失による不告知の場合の損害賠償

10．利用料金
　　　□対価の金額又はその算定方法
　　　　（無対価、従量課金、固定料金等）
　　　□対価の支払い方法

11．対象データ・派生データの利用条件
　　　□利用条件の設計
　　　　（①どのデータについて、②誰が、③いつ、④どこで、⑤どのような目的で、⑥どのような態様、方法で共有・活用するため）
　　　□対象データの利用条件
　　　　（①データの性質、②データの創出への寄与度、③利用によるリスク、④対価の金額、⑤利用の必要性）
　　　　□シェアード・データ／プライベート・データの分類の要否
　　　　□第三者提供の可否
　　　　　（①データの性質、②営業秘密、ノウハウ流出等の防止の方法、③競業者か否か、④提供先第三者の利用の制限、⑤対価の額・分配方法）
　　　□派生データの利用条件
　　　　（①対象データの性質、②対象データを取得・収集する際の費用・労力、③営業秘密性、④加工の程度・費用・労力、⑤対象データの復元可能性）

12．対象データの削除
　　　□提供したデータの削除の可否
　　　□正確性・完全性・安全性・有効性の問題、第三者の権利の侵害の通知・周知
　　　□運営者によるデータの削除

□削除前になされたデータの利用への影響

13. プラットフォーム利用のための設備設定・維持
　　　□会員設備の設定・維持
　　　□会員設備の不具合等がある場合の運営者による本サービスの提供義務

14. ID・パスワードの管理
　　　□第三者への開示・貸与等の禁止
　　　□管理不備・使用上の過誤・第三者の使用等による責任
　　　□運営者の損害の填補

15. 禁止事項
　　　□禁止事項
　　　□他の会員による違反行為の通知

16. 会員の責任等
　　　□他の会員又は運営者に与えた損害の補償
　　　□第三者との紛争等の対応
　　　□知的財産権の利用に関連する損害・紛争等の責任
　　　□会員の責任限定の要否

17. プラットフォームの管理
　　　□法令遵守、善管注意義務
　　　□セキュリティ
　　　□会員の規約遵守状況の報告
　　　□会員の規約違反に対する是正要求

18. プラットフォームの運営
　　　□運営者による保証／非保証
　　　　□本プラットフォームのセキュリティ、バグ、ウィルス、運営の中断、第三者の知的財産権の侵害
　　　　□対象データの正確性、完全性、安全性及び有効性、第三者の知的財産権の侵害、データの継続的な提供
　　　□改ざん、故意・重過失による不告知の場合の損害賠償

19. 運営者設備の障害等
　　　□運営者設備の障害発生時の対応（会員への通知、修理・復旧）
　　　□電気通信回線の障害発生時の対応（電気通信事業者への指示）
　　　□本プラットフォーム上の不具合への対応（通知、協議、対応措置の決定）

20. 損害賠償の制限
    □損害の範囲
    □運営者の責に帰すことができない事由
    □運営者による損害賠償額の上限
    □運営者に故意・重過失がある場合の制限の不適用

21. 対象データ等の漏えい等の場合の対応
    □会員による運営者に対する漏えい等の通知
    □事実確認調査、再発防止策の検討、周知
    □会員の費用負担

22. 一時的な中断及び提供停止
    □本サービスの提供の中断事由
    □本サービスの提供停止事由
    □運営者の責任

23. サービスの廃止
    □本サービスの廃止事由

24. 利用規約の変更
    □変更の要件（予告期間、通知・周知）
    □変更前に提供されたデータの利用条件

25. 会員による解約
    □解約の可否・要件（解約希望日、予告期間）

26. 運営者による解約
    □解約事由

27. 反社会的勢力の排除
    □表明保証
    □解約

28. 解約の効果
    □効力が及ぶ当事者の範囲
    □将来効
    □既に提供・取得済のデータへの影響
    □解約原因のある会員によるデータ利用の禁止
    □期限の利益の喪失

☐存続条項

29. 秘密保持

30. 権利義務の譲渡禁止

31. 合意管轄

32. 準拠法

33. 協議等

●著者略歴●

福岡真之介(ふくおか しんのすけ)
西村あさひ法律事務所・パートナー弁護士
ニューヨーク州弁護士
1996 年　東京大学法学部卒業
1997 年　司法修習修了(50 期)
1998 年～2001 年　中島経営法律事務所勤務
2001 年～　西村あさひ法律事務所
2006 年　デューク大学ロースクール卒業(LL.M.)
2006 年～2007 年　シュルティ・ロス・アンド・ゼイベル法律事務所勤務
2007 年～2008 年　ブレーク・ドーソン法律事務所(現アシャースト)勤務
＜担当＞第 1 章・第 2 章
＜著書・論文＞『データの法律と契約』(商事法務、2019)、『AI の法律と論点』(商事法務、2018)、『IoT・AI の法律と戦略〔第 2 版〕』(商事法務、2019)、『知的財産法概説〔第 5 版〕』(弘文堂、2013)、「会社と AI(人工知能)——会社法への示唆」資料版商事法務(2017)、「Licences and Insolvency: A Practical Global Guide to the Effects of Insolvency on IP Licence Agreements (Japan Chapter)」Globe Law and Business (2014)、「知的財産の管理における留意点」月刊監査役 633 号 (2014) など多数。

松村　英寿(まつむら　ひでとし)
西村あさひ法律事務所弁護士
2000 年　慶應義塾大学法学部政治学科卒業
2002 年　司法修習修了(55 期)
2002 年～2004 年　牛島総合法律事務所勤務
2004 年～　西村あさひ法律事務所
2015 年　カリフォルニア大学デービス校ロースクール卒業(LL.M.)
2016 年　南カリフォルニア大学ロースクール卒業(LL.M., Graduate Certificates in Business Law and Entertainment Law)
＜担当＞第 3 章
＜著書・論文＞『データの法律と契約』(商事法務、2019)、『AI の法律と論点』(商事法務、2018)、『知的財産法概説〔第 5 版〕』(弘文堂、2013)、『会社法実務解説』(有斐閣、2011)、「会社と AI(人工知能)——会社法への示唆」資料版商事法務 399 号 (2017)、「The International Comparative Legal Guide to: Mergers & Acquisitions 2010 (Japan Chapter)」Global Legal Group (2010) など多数。

データ取引の契約実務
——書式と解説

2019年10月15日　初版第1刷発行

著　者　　福　岡　真之介　　松　村　英　寿

発行者　　小　宮　慶　太

発行所　　㈱商事法務
〒103-0025　東京都中央区日本橋茅場町3-9-10
TEL 03-5614-5643・FAX 03-3664-8844〔営業部〕
TEL 03-5614-5649〔書籍出版部〕
https://www.shojihomu.co.jp/

落丁・乱丁本はお取り替えいたします。　印刷／そうめいコミュニケーションプリンティング
©2019 Shinnosuke Fukuoka, Hidetoshi Matsumura　Printed in Japan
Shojihomu Co., Ltd.
ISBN978-4-7857-2746-8
＊定価はカバーに表示してあります。

|JCOPY|＜出版者著作権管理機構　委託出版物＞
本書の無断複製は著作権法上での例外を除き禁じられています。
複製される場合は、そのつど事前に、出版者著作権管理機構
(電話03-5244-5088、FAX 03-5244-5089、e-mail: info@jcopy.or.jp)
の許諾を得てください。